寻找最美乡村教师

荆棘中的灵魂歌者

洪 生 编著

武汉大学出版社

图书在版编目(CIP)数据

荆棘中的灵魂歌者/洪生编著 . —武汉:武汉大学出版社,2015.5
寻找最美乡村教师
ISBN 978-7-307-13153-8

Ⅰ.荆… Ⅱ.洪… Ⅲ.农村学校—中小学—优秀教师—生平事迹—中国—现代 Ⅳ.K825.46

中国版本图书馆 CIP 数据核字(2015)第 007000 号

责任编辑:张 璇　　责任校对:汪欣怡　　版式设计:韩闻锦

出版发行:**武汉大学出版社**　(430072　武昌　珞珈山)
(电子邮件:cbs22@whu.edu.cn 网址:www.wdp.com.cn)
印刷:湖北钟祥知音印务有限公司
开本:850×1168　1/32　印张:4.375　字数:68 千字
版次:2015 年 5 月第 1 版　　2015 年 5 月第 1 次印刷
ISBN 978-7-307-13153-8　　定价:25.00 元

版权所有,不得翻印;凡购买我社的图书,如有缺页、倒页、脱页等质量问题,请与当地图书销售部门联系调换。

目　录

愿做苗寨石板路："豆腐老师"有颗金子般的心
　　——记湖南凤凰县茶寨小学教师吴金城　/ 001

"铿锵玫瑰"迎风绽放，难忘"足球老爸"那灿烂的笑容
　　——记海南省琼中县琼中中学体育教师肖山　/ 045

密林深处白马来，"砍山老师"37载的美丽情怀
　　——记贵州省遵义市金红花岗区金鼎山镇扇子
　　林教学点教师徐德光　/ 090

愿做苗寨石板路：
"豆腐老师"有颗金子般的心
——记湖南凤凰县茶寨小学教师吴金城

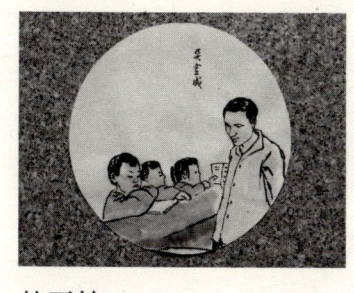

"卖豆腐了……卖豆腐了……"这悠长的吆喝声，加上一顶圆圆的斗笠，一根被磨得油光水滑的扁担和两桶雪白嫩滑的豆腐，就是吴金城一天的开始。

然而，他不是一名小贩。他是禾库镇茶寨小学唯一的老师，为了孩子们，他随时可以变身为水电工、营养师和木匠。8年前他考上了大学,在村里人的欢送下离开了茶寨。所有的人都以为,他再也不会回来了。然而毕业后,他却因为茶寨孩子渴望读书的眼神而留了下来,一留就是5年。他说,他留下的时间也许会是十年、二十年、三十年……只要孩子们需要,他愿意像一块苗寨的青石板,永远留在这座古城、这个山寨。

小山寨走出一名大学生

吴金城永远忘不了8年前的那个夏天。那一年,他拿到了湖南省第一师范大学的录取通知书。做了一辈子乡村教师的父亲很高兴,因为儿子不仅是他家的第一个大学生,还是全村这么多年来第一个大学生。

吴金城1982年出生,家中还有一个哥哥和一个弟弟。三兄弟从小很淘气,掏鸟窝、捉蛐蛐、逮蚂蚱无所不为,当然也少不了干点"坏事",经常被父亲惩罚齐刷刷地站成一排,可他们依然乐此不疲。然而在吴金城的印象中,童年的回忆除了快乐,更多的是贫穷与落后。

他的家在凤凰县禾库镇一个叫茶寨的地方,禾库在苗语中的意思是"没有路的山寨",而茶寨则是禾库最边远的山寨，根据地理位置分为上茶寨和下茶寨。这个在沈从文笔下清新秀美的地方，千百年来虽然仍保持着古朴的自然风貌，然而也正因为如此，外界文明始终离这座小山寨很远很远。寨子里有一条青石铺成的石板路，不知被踩踏了多少年，表面已经泛起油光，从吴金城记事时起，这条路就是这个样子。许多年过去，这条狭窄幽长的巷子，仍然是山寨最主要的交通要道。许多老人一辈子都没有走出过这方圆不过五公里的寨子，大多数人只会说苗语，他们听不懂普通话，看不懂电视，也无法感知外界文明的变迁。不知从什么时候起，吴金城开始觉得自己生于斯、长于斯的这个寨子太小了，小得容不下一丁点想象，他渴望走出去看一看。

吴金城意识到这一切是因为父亲。父亲是一位教师，因为职业的原因，他懂得许多寨子里的乡民所不懂的道理，吴金城兄弟几个很小的时候，父亲就告诉他们，外面的世界很精彩，很广阔，如果有机会，一定要走出苗寨，去外面的世界看一看。听了父亲的话，吴金城头脑中产生了许许多多的幻想，可是，任凭他的小脑瓜怎么想，也想不出父亲所说的"外面的世界"究竟是什么样子。

吴金城十岁的时候，父亲曾把他带到长沙去过一次。

父子俩经过一路颠簸，终于到达了想象中的大城市。一下汽车，吴金城的眼睛顿时睁大了：这就是"外面的世界"吗？怎么有这么高的楼房，这么多的汽车，这么拥挤的人群？与父亲逛街的时候，吴金城感到目不暇接，那一间连着一间的店铺里，摆着琳琅满目的商品；大街上川流不息的人群，个个都是那么自信、神采飞扬；就连走在路上与自己同龄的孩子，脸上也有一种说不出的幸福感……那次的长沙之行，虽然父亲没有为吴金城买什么昂贵的礼物，却给了他一笔极大的精神财富——从那次起，他在心里暗暗发誓：一定要好好读书，将来一定要到这个美丽的大城市来生活！

回到茶寨后，父亲发现以前顽劣的二儿子突然变得用功了，他一改从前没心没肺瞎玩瞎闹的个性，变成了一个文文静静的男孩。父亲不知道，这次偶然的出行已然让儿子心中树起了理想的风帆。

在茶寨读完小学后，吴金城以优异的成绩考上了镇里的中学，然后一路考上了最好的高中。书本里的知识越来越丰富，他像一块海绵贪婪地吸吮着知识的甘泉，同时心中的梦想也越来越清晰。他感到，自己离梦想一点一点近了。

高考填报志愿的时候，吴金城曾有过很多想法。他想学医，当一名高尚的白衣天使，救死扶伤；他也想学理工科，当一名工程师，去构筑理想的蓝图；他还想当一名园艺家，用智慧和头脑让生活变得更美丽……然而最终，父亲的一句话打消了他所有的念头。父亲是最早的师范毕业生，也是方圆百余里最有学问的人，很受人们的尊重，不论哪家办红白喜事，或是有了矛盾需要调解，都要请父亲出面。父亲一生中记不清替人写了多少书信和状纸，也记不清摸过多少满月娃娃的脑袋。有一句话，父亲说过许多遍："我即使有来生，还是愿意选择当老师，因为这是功在千秋，造福万代的职业。"父亲说得没错，茶寨几乎所有人都当过父亲的学生，从父亲那里学会了认字、算账。尽管由于条件限制，很多人没有读完小学就开始跟着长辈一起劳作，但至少摆脱了当文盲的命运。

教师，是个崇高的职业，这个概念从吴金城三兄弟很小时就深深地烙在了他们的头脑中。所以，在面临命运的选择时，尽管吴金城有着这样那样的想法，最终他还是决定继承父亲的事业。得知二儿子选择了考师范学校，父亲也很高兴。此时，吴金城的大哥从中等师范学校毕业，已经在邻村当上了老师。二儿子选择报考师范学校，就意味着他们家又多了一位老师。

经过一番慎重思考,吴金城填报了伟大主席毛泽东的母校:湖南省第一师范学校。他想循着伟人的足迹,去体验那挥斥方遒的潇洒和指点江山的豪情……

经过黑色七月的洗礼,吴金城心急如焚,天天到乡邮政局去打听有没有自己的信件。终于在七月二十日,他接到了心仪学校的录取通知书。那天,他兴奋得三步并作两步,手里挥舞着大红色的通知书,赤着脚在光滑的青石板上一边跑一边大声呼喊:"阿爸!我考上了!考上了!"父亲用颤抖的手接过录取通知书,戴上老花眼镜,仔仔细细地看着上面的字,一字一句地读着,仿佛怎么看也看不够。

父亲的激动是有原因的。尽管他从事了一辈子教育工作,为茶寨的孩子呕心沥血,但这么多年来,茶寨从没有出过一个大学生。现在,这个人不但出现了,而且还是自己的儿子,这怎能不让他激动又自豪!

吴金城考上大学的消息很快像春风一样播散出去,不一会儿,四邻八乡、亲朋好友都挤到吴家那间并不宽敞的屋子里,大家一边争相传阅着吴金城的大学录取通知书,一边啧啧赞叹着。母亲满脸洋溢着骄傲的笑容,热情地招呼大家吃糖、喝水。村支书闻讯也赶了过来,他握着吴金城的手高兴地说："金城，好样的！你是咱茶寨的骄傲，这回说什么也要好好热闹一下！"

茶寨的人们都清楚地记得，那一年为了祝贺寨子里出了第一个大学生，村里足足放了三天电影。十里八乡的人都赶来凑热闹，那份光荣和骄傲简直无法用言语形容。乡亲们之所以如此重视吴金城考上大学这件事，不仅仅因为他是茶寨第一个大学生，更因为考上大学意味着他将会成为第一个离开茶寨的人。在大家眼里，他走进大学就等于一只脚跨出了山寨，跨进了美丽的大城市。

在家人期盼的眼光和乡邻们热情的祝福声中，吴金城踏上了去长沙求学的道路。湖南省第一师范学校在长沙岳麓山下，这是一所具有优良传统和端正学风的大学，走在校园的小径上，处处可以发现伟人的足迹，体验伟人当年的心境。

在学校的几年里，吴金城真正静下心来读了许多书。尽管繁华的长沙对当时年少的他产生了极大的诱惑，但当他真正走进这座城市，走进这所大学时，他却发现对自己产生了最大吸引力的，仍然是无穷无尽的知识。在学校，他经常是起得最早、睡得最晚的学生，在校园的小树林里，经常能看到他清晨捧读的身影。大二、大三阶段，当别的同学都热衷于谈恋爱时,他却"两耳不闻窗外事,一心只读圣贤书"。因为吴金城知道,今天这个读书的机会对他来说太不容易了。他不仅是为自己读,还是为父亲、为乡亲、为整个茶寨而读。在这样的心态驱使下,他怎么能对身外那些花花绿绿的世界和儿女情长的事而动心呢?

由于读书刻苦,吴金城在学校屡次获得奖励。每得到一次奖励,他总要小心地将奖状折好,与奖金一起寄回家,让父亲和母亲高兴高兴。而每次收到儿子从学校寄来的这些荣誉,都是全家人最开心的时刻。

归去来兮,那期盼的眼睛

转眼间,吴金城便在岳麓山下度过了几年的大学时光。到了毕业时节,恰逢沿海地区兴起私立学校,待遇也比公立学校高得多,许多同学还未毕业便商量着去广州、深圳等城市的私立学校应聘。吴金城当然也动心了,能去现代化的大城市生活,能得到更为丰厚的报酬,又能学有所用,何乐而不为呢?进行了最后的论文答辩后,他与同学相约,各自先回老家把家里的事情安排一下,然后便在深圳聚首,去他们事先联系好的一家私立学校应聘。

回到家后,吴金城把自己的想法大致给父母说了,他们都表示同意,哥哥和弟弟听说他将要到深圳去工作,也显得十分兴奋。不仅是他们,寨子里所有的乡亲都认为,吴金城这只飞出了山寨的"金凤凰"肯定会一去不回头了。有的乡亲遇见他时,甚至托他从城里捎点特产或者药品回来,对乡亲们的要求,吴金城一一答应。在他心中,也在憧憬着美好的未来。

然而就在此时,一件意外的事情发生了。茶寨小学的一名代课老师因为临时有事,无法继续上课,可寨子里的孩子大多是留守儿童,他们的父母远在外地打工,有的一年才能回来一次。这些孩子平时就靠在学校读书、写字"托管",老师一走,孩子们就像没了头羊的小羊羔,顿时乱成一团。有一个孩子中途溜出去抓鸟玩,差点滑下山崖摔断腿;有几个孩子干脆不来上学了,成天在寨子里乱跑。村支书感到这么下去也不是个办法,得找个临时老师把这些调皮的娃娃管起来才行。他想来想去,觉得没有人比刚刚大学毕业的吴金城更合适:第一,他是大学生,是寨子里目前最有文化的人;第二,他学的刚好是师范专业,学有所用,专业对口;第三,吴金城的父亲就是老师,在长辈的耳濡目染下,他对教书这件事熟悉得不能再熟悉。

可当村支书来到吴家,开口请求吴金城帮忙代课时,吴金城却犹豫了。因为他已经与同学约好一周后去深圳。可那位代课老师却要半个月后才能回来,这可怎么办呢?没想到,得知吴金城只能代课一周,村支书竟忙不迭地说:"一周就一周!那些娃娃没有老师简直要翻了天,你先把这周代完,下周我再想办法找别人,怎么样?"既然村支书都说到了这分上,吴金城只好答应。

第二天,他就来到茶寨小学的教室,以代课教师的身份开始给孩子们上课。茶寨小学是一所不完全小学,整个学校只有一到三年级,四年级以上就得去别的寨子读。而且这所学校历年来只有一位老师,到了上课时间,就得同时上三个年级、所有科目的课程。受父亲的影响,吴金城对这种教学方式并不感到陌生,他先让一二年级的学生默读课文,然后给三年级的孩子上课。上完后给三年级的孩子布置作业,再给二年级上课。二年级孩子做作业时,再给一年级孩子上课。因为一年级的孩子还没有进行语言启蒙,所以听不懂普通话,得先用苗语教他们汉语拼音,再慢慢给他们说普通话。这个过程相对来说比较长,所以等这一轮教完,二三年级孩子的作业刚好也做完了,吴金城再从头开始批改作业……在几天的相处里,孩子们一下就喜欢上了这个眼睛大大、讲话的声音特别好听的吴老师。一到下课时间,孩子们就围着吴金城,叽叽喳喳地说:"吴老师,你的普通话说得真好!""吴老师,给我们再讲个故事吧!"吴金城怎么忍心拒绝他们,对孩子们的要求,他总是尽可能满足,这让孩子更加依恋他。

一个星期的时间很快过去了,吴金城找到村支书,向他辞行。可这时孩子们却怎么也舍不得他了,得知吴老师要走,孩子们眼巴巴地看着他,有的孩子眼泪吧嗒吧嗒地掉了下来。看到这个情景,村支书也为难了:"金城,你看,孩子们真是舍不得你。"吴金城何尝没有体会到孩子们对他的亲近与不舍,但美好的前途在向他招手,他真能为了这些孩子而舍弃自己的前途吗?想到这里,他狠狠心,一咬牙说:"对不起,我已经与用人单位说好了,要尽快去报到。"见他这么说,村支书只得真诚地祝福他,他握着吴金城的手说:"金城,你是咱们寨子里唯一的大学生,到了大城市,一定要好好干,为我们茶寨争光……"村支书的话情真意切,吴金城的眼里蒙上了一层泪水。可他擦干眼泪,头也不回地走了。就在回头的那一瞬间,身后传来一片低低地抽泣声……

当吴金城踏上开往省城的班车时,突然有种异样的感觉,他抬头四望,惊异地发现自己教过的那群孩子竟然追到了汽车站。他们衣衫褴褛地站在汽车卷起的漫天尘土中,21双眼睛齐刷刷地望着缓缓开动的汽车,眼里流露出太多的渴望与不舍。这眼神是那样天真,又那样沉重,令吴金城本来已经坚硬似铁的决心在瞬间融化了。他提起行李,匆匆对司机喊道:"师傅,请停车!"刚刚启动的汽车戛然停下,吴金城拎起背包头也不回地下了车。孩子们见到这一幕,都呆呆地站在原地回不过神来。过了好一会儿,才有一个孩子怯生生地问:"吴老师,你是不是不走了?"吴金城重重地点了点头:"是的,老师不走了!"孩子们惊喜地欢呼起来:"太好喽!老师不走喽!"他们将吴金城团团围住,像簇拥着一位凯旋的将士一样,簇拥着他走向学校。

得知吴金城又回来了,不仅是他的家人,连村支书也十分惊讶。父亲问他:"你不是要去深圳吗?怎么不去了?"吴金城了解父亲的心情,虽然他希望儿子能继承自己的事业,但更希望他能到广阔的天地有所作为,自己一辈子待在这个巴掌大的小山寨里就罢了,他不甘心让儿子也困在这里。正因为了解,吴金城没有用太多言语解释,只是简单地说了句:"寨里的孩子让人放心不下。"母亲忍不住埋怨:"金城,你们兄弟三个就数你最有出息,你就这么回来了,也不怕人家笑话?"父亲得知后只是叹了句:"你还是心软啊!"便不再多说什么。吴金城十分感激父亲,他没有生硬地阻止自己,而是给予了自己无言的支持,这恰恰是他最需要的。

村支书看到已经"飞"了的吴金城居然又回来了,简直喜出望外。他紧紧握着吴金城的手,生怕一松手他又会"飞"走。他激动地说:"金城,你能回来太好了,这是我们寨子里娃娃们的福气啊!"

吴金城回到茶寨小学当老师的消息不胫而走,乡亲们对这件事的看法却不一而足。有的人跑到他家里劝他:"金城,茶寨太穷了,你有机会走出去还是走出去吧!何必留在这里跟大伙一辈子受穷?"有的人对此表示怀疑:"这娃娃不会是脑壳进水了吧?放着好好的大城市的工作不干,回到咱们寨子里当老师?"甚至有人以为,他没有到城里去工作,是因为他能力有问题!

比吴金城本人更无法接受这个事实的,是他的几名同学。他们一直在深圳等待着吴金城来"会师",准备大家抱团去新单位应聘,没想到等来的却是吴金城放弃的消息。在学校,吴金城的成绩优秀,各方面综合素质都很强,所有同学都觉得,他应聘成功的可能性最大,对于他几乎毫无理由的"退缩",他们不理解。

于是,同学们急忙给吴金城打电话,询问他是不是家里遇到了什么事,或者有什么困难。"金城,你不能就这样放弃自己!有什么事大家一起来分担!""金城,你真的想好了吗?我们这些农村孩子,能有机会留在城市,是多么不容易,你就算不为了自己,也要为了家人想想,可千万不要意气用事啊!"同学们恳切的话语,深深地打动了吴金城。寒窗数载,这些与自己一样来自农村的年轻人更清楚"留在家乡"意味着什么。

为了让吴金城放弃错误的决定,两个与他特别要好的同学甚至专程从深圳坐火车来到了湖南。当他们风尘仆仆敲开吴金城的家门时,吴金城顿时惊呆了。同学的深情厚谊,让他感动得泪湿眼眶。可是,他却没打算因此而改变决定。

吴金城安顿同学休息了一夜,第二天一早,就领着他们踏上寨子里那条油光发亮的石板路。他一边走,一边对同学说:"你们知道吗,这条石板路大概走了几百年了。几百年前,我们寨子就是这样子,过了这么多年仍然是这样。

好多青壮年都外出打工去了,他们在城里从事的是最辛苦的工作,收入却少得可怜。但就为了这点可怜的收入,我们苗寨的孩子也要承受一年到头没有父母疼爱、甚至连春节也不能与家人团聚的痛苦……从大的方面说,没有知识,寨子就永远不会有变化,我们茶寨的人世世代代都要吃苦受罪;从小的方面说,这些留守的孩子太可怜了,我无法面对他们渴望上学的眼神……"随着吴金城一起走遍了苗寨的每个角落,亲眼看到了这里的落后与贫穷,同时也亲身感受到孩子们对吴金城那浓浓的依恋,同学们终于理解了他的决定。

三天后,吴金城亲自把两个好朋友送到车站。临别时,三双手紧紧相握,同学们动情地说:"金城,我们很佩服你,你永远是我们当中最优秀的!以后如果需要我们帮助,你一定要告诉我们!"随着车轮缓缓转动,昔日的同学渐渐离自己越来越远,吴金城望着他们不断挥动着双手,直到汽车的影子消失在雾霭中。他曾经辉煌的梦想,似乎也随着车轮而渐渐远去。那一刻吴金城心里浮起一丝感伤,但这丝感伤仅仅维持了一瞬,便被他抛到了脑后。他明白:从此后,一场只有一个人的"战斗"将要打响。

一个人的"战斗"

头戴斗笠,身背布袋,赤脚片打在石板上啪啪作响……清晨,天还不太亮,吴金城就开始了他忙碌而充实的一天。他每天大约要比孩子们早一个小时到达教室,放下装教科书的布袋,他就开始攀墙爬梯、飞檐走壁。他这么做不是在寻开心,而是在检查教室有什么地方漏雨、什么地方漏风、什么地方不结实。茶寨小学的所谓教室,是一栋年久失修的废弃老宅,经历了许多年的风风雨雨,它已经破败得像个风烛残年的老人,几乎经历不起任何一场风雨。吴金城看在眼里,急在心里。重修校舍几乎是不可能的事,他所能做到的只能是修修补补。

由于年代久远,屋顶上有些椽子开始发黑腐烂,孩子们上课时,有时会从房梁上"啪"地掉下一块烂木头。看着那些摇摇欲坠的椽子,吴金城胆战心惊。他从自己家里拿来钉锤、起子等工具,还买来铜钉,又到山里砍了些木头,把那些快要烂掉的椽子换掉,再用铜钉钉牢。把几乎所有的椽子都加固了一遍后,他的心里终于踏实了。

这座老屋屋顶的瓦片也被风掀跑了不少,古城多雨,每逢下雨，教室里就到处漏水，尽管孩子们使劲朝不漏雨的地方躲，但漏点仍然越来越多，孩子们最终躲无可躲。雨稍微大点的时候，教室里的漏水便流淌成河，把孩子们的衣服、鞋子全都打湿了。吴金城看着孩子们冷得发抖，感到无比心疼。等天晴了，他买来羊毛毡和新瓦片，把漏雨的地方铺上新毡，再盖上新瓦片。刚把屋顶修好，就下雨了，孩子们仰起小脸，听着雨点在房顶上肆虐，他们欢快地拍着小手叫喊着："吴老师！不漏雨了！""老师，我衣服今天干干的！"衣服干干的，这是多么简单的要求，但又给孩子们带来了多么简单的快乐！望着孩子们由于兴奋而变得红扑扑的小脸，吴金城心中涌起一股柔情。

解决了房顶失修和漏雨两大难题后，吴金城又发现了新问题：这所老宅子是老式结构，窗户开得很少，仅有的两扇窗户还被塑料纸蒙着，透光性很差，房顶上的一小片"亮瓦"也完全无法满足教学的采光要求。每逢阴天，孩子们就看不见黑板上的字，吴金城要在教室里点起四支蜡烛，光线才勉强够用。时间一长，他发现有几个孩子看书、看人总是眯着眼，他立刻明白这几个孩子近视了。可茶寨的孩子不像城里的孩子，近视了就能配副眼镜，他们没钱配眼镜，只能用力眯起眼睛，用模糊的视线来看书、写字。

有一次，一个名叫春香的女孩还惊喜地告诉吴金城一个"好办法"："老师，我从手指缝里看你在黑板上写的字，好清楚哦！"吴金城苦涩地笑了，春香的眼睛近视得不轻，她所谓的"好办法"不过是利用了小孔成像的原理，这样虽然能"看清"一些，但毕竟不是长久之计，何况这样的方法，会使眼睛更加疲劳，视力下降得更快。发现越来越多的孩子眯缝着眼睛上课，吴金城再也无法坐视不管，他决心要让教室里亮起来。

他先是去镇上买来了玻璃，把蒙窗户的塑料纸全部取下来，换上了透明透亮的玻璃。这样一来，教室里亮堂多了，可要从根本上解决光线的问题，还需要给教室安上电灯。茶寨几年前刚刚通上电，电表大多为几户人家共用，而这所教室因为无人负担电费，根本没有通电，成了"被遗忘的角落"。吴金城向房东申请通电，并承诺电费从自己的工资中扣，这一要求得到了房东的支持，但村里没有电工，具体工作该怎么做，房东也束手无策。吴金城想起自己高中时学过一些电气知识，便毛遂自荐。听说他要自己拉电线，房东吓得连连摆手："使不得使不得！你不知道什么叫'电老虎'吗？老虎的屁股可是摸不得，万一发威，你的小命可就交待了！"吴金城虽然胆大，可也心细。他仔细观察了学校周边电线的走向，大致弄清了零线、火线的接驳方式，便弄来一架竹梯，腰里系了一根麻绳，把试电笔、绝缘胶带、老虎钳别在腰上，便爬上了竹梯。房东和一大帮孩子守在竹梯下，心里都替他捏了一把汗。

　　吴金城先关掉了电源总闸，然后小心翼翼地从总线中牵出一个分支，细心地用绝缘胶带绑好。当一切准备妥当，他再次检查确认线路没接错时，便给房东打了一个"推闸"的手势。房东战战兢兢地来到电闸前，手竟然半天也没敢往上放。他害怕万一这一推上去，教室没亮还算小事，要是把全村的电线给短路了，或是出点人身事故，他怎么担得起这个责任？见房东犹豫，吴金城再次检查了线路，确认没错，他大声喊道："放心吧！没问题！"房东一狠心，把电闸推了上去：仿佛一朵金莲盛开，教室里的电灯放出耀眼的光芒！孩子们齐声欢呼，房东一颗悬着的心也慢慢放了下来。他望着正在从竹梯上慢慢往下走的吴金城，笑得每根皱纹都舒展开来："好小子，看不出你还真有点本事！"

　　除了当泥瓦匠、水电工，吴金城课余时还当起了木工。教室里的课桌椅都是些七拼八凑的破桌子烂板凳，轻轻一摇就吱呀作响，稍微用力就会垮掉。孩子们屁股下的凳子，好多只有三条腿，甚至只有两条腿，缺的"腿"就用砖块或石头垫起来。有时上着课，就听到轰隆一声响，原来是"腿"垮掉了。被摔了一个屁墩的孩子不好意思地摸着头爬起来，用石头垒好凳子，接着上课。既然连电都敢摸，吴金城还真没什么不敢摸的了，他向寨里的木匠借来刨子和凿子，又向他讨来些下脚料，开始学着修理桌椅板凳。

没想到，当木匠可真是门技术活儿，不是想象的那样容易。起初吴金城用起刨子来总是笨手笨脚，要么削下厚厚的一层，要么就忽地一下刨空，一把小小的刨子把他急出了满头大汗，有几次甚至不小心削到手指，顿时鲜血直流。因为修理桌椅总在下课时进行，吴金城干活时，孩子们就围在他身边，见老师的手流血了，孩子们吓得惊叫起来，胆小的女孩还吓得捂住了眼睛。但孩子们很快反应过来，他们从自己破烂的衣服上撕下布条给老师小心地包好，还轻轻往他伤口吹着气："老师，你不要哭哦，一会儿就不疼了，真的！"享受着孩子们稚气的关爱，吴金城的心里暖暖的。谁说孩子小，不懂事？茶寨的孩子小小年纪就懂得感恩，也学会了关心别人，他们是天底下最可爱的孩子！

说来也怪，有了孩子们的"鼓励"，吴金城如有神助，那些不听话的木匠工具在他手下渐渐变得顺服灵巧起来，没过多久，他居然能像模像样地制作出一些简单的家具，修修补补更是不在话下。

因为现实的磨炼，吴金城练就了一身本领，轻活重活全都拿得起放得下，时间不长，他就得到了一个"全能老师"的绰号。孩子们发现，吴老师上课很有意思，他给同学们布置作业，让大家写字或者背书，然后人就不见了。孩子们做完作业四处寻找，才从房顶上找到满头大汗的吴老师。教室的墙边常年靠着一架竹梯，有时候正念着课文，吴金城就手脚并用地爬上了竹梯：原来，他发现有一根椽子好像被虫蛀空了，得赶紧换新的。有时候家长来教室找孩子，没见到老师，孩子们就说："吴老师上着上着课就上房了！"

对孩子们来说这样很好玩，老师好像在和他们"捉迷藏"，但对吴金城来说，这却是不得已而为之。这座百年老宅就像被白蚁蛀空的大堤，随时都有可能坍塌，他只能打起十二万分的警惕，时刻注意把危险消灭在萌芽状态，才能保证孩子们的安全。

在这所危房里整整待了一年后，吴金城多次向上级教育部门反映，终于引起了重视，镇里以每月700元的价格租下了另一所民房，茶寨小学终于搬到了相对安全的地方。

虽然没有能力修建新学校，新搬的教室也不够宽敞，但能够在安全、不漏雨的房子里上课，已经是吴金城和孩子们最大的幸福。以往，他经常做噩梦，不是梦见上课时屋顶整个塌了下来，就是梦见洪水从房顶的缝隙中灌进来，他和孩子们都被洪水冲散，他急得一身冷汗，从梦中挣扎着醒来，仍然感觉后怕不已。现在，他终于能睡个踏实觉，为这一点，他就是在梦中都时常会笑醒。

茶寨的孩子们分散在方圆好几公里的山寨，与他们一起生活的爷爷奶奶文化意识不强，只要家里有点事，或者天气太坏，他们就会让孩子别去学校了。久而久之，有的孩子落下了不少课，成绩总也赶不上来。更坏的后果是，孩子们心里形成了自由散漫的概念，认为学校是个可松可紧、可去可不去的地方。读书学习的必要性和紧迫感大大降低，既会增加失学率，对孩子们以后的发展也很不利。吴金城一到学校，就曾立下规矩：除非遇到突发状况，否则任何人不得以任何借口不来上学，如果第二天家里有事，前一天必须向老师口头请假，说明情况。如果违反这个规定，就要罚抄写课文或者不许参加玩游戏。起初，有的孩子上课仍然很随意，想来就来，想不来就不来，家里的老人也不管他们，但是随着时间一天天过去，吴金城的规矩开始发挥出威力：那些被罚的孩子下课时不能与小伙伴一起玩游戏，只能坐在教室里眼巴巴地看别的同学玩。下一次，这些想偷懒的小家伙再也不敢调皮，只得乖乖地来上学了。有时候天气不好，爷爷奶奶让他们别去上学了，就在家里待着，孩子们就会说："不！我要去上学，吴老师可厉害哩！"寨子里的老人提起吴金城都说："小吴那个年轻人，年纪不大，办法可真多！我家那个小毛猴一遇到他，就老老实实再也不敢瞎闹了！"在吴金城纪律的整肃下，茶寨小学不论从外在形式上，还是从内在精神风貌上，都越来越正规，越来越像一所纪律严明的"黄埔军校"。

然而，吴金城的纪律不仅仅表现为治学的"铁腕"，还表现在他对学生无微不至的关怀上。湘西每到梅雨季节便容易暴发山洪，平时只齐腿肚的河水，可能一夜之间暴涨到齐腰深。吴金城为了孩子们能按时来上学，更为他们的安全着想，总是早早地在河边守候，将他们一个一个背过河。河水湍急，个子不足一米六、体重仅有九十多斤的吴金城比一个孩子也重不了多少，然而他却紧紧咬住牙关，把孩子背在自己身上，深一脚浅一脚地在冰冷的河水中跋涉。放学时，他又亲自把孩子们一个一个送回家，自己这才穿着早已打湿的衣裤回到家。

冬天，雨水加上冰冻，常常会下起冻雨，光滑的石板路更是滑溜溜地要人命。吴金城用稻草包住双脚，天不亮就起床，用铁铲和食盐去除石板上的冰块。等孩子们陆陆续续出现在学校附近时，吴金城已经干得满头大汗，热气在他头顶蒸腾，再看他的双手，虎口裂开了一个大血口子，手掌心也打满了血泡。孩子们抱着他的手伤心地哭了，吴金城却用满是伤痕的手摸着他们的小脑瓜说："哭什么啰？莫哭莫哭，吴老师马上给你们上课了！"在这个时候，吴金城看上去既像一位慈祥的父亲，更像一位满怀柔情的母亲……

一担豆腐，一腔深情

在茶寨小学，最令吴金城头痛的不是教学任务该如何完成，也不是教学秩序该如何维持，而是没钱。作为一个不拿一分钱补贴的乡村小学，茶寨小学所有的"财产"除了一群活蹦乱跳的孩子，便是一堆破烂的桌椅板凳，吴金城在外面见过大世面，他清楚地知道，要让茶寨的孩子走出去，第一步就是要把他们的头脑打开。他心里有许许多多想法，可这些理想化的想法每每遇到困窘的现实便夭折。

他想让孩子们多读点课外书，从书上认识精彩的世界，可他没钱；他想让孩子们像城里的小学生一样每天喝上牛奶，因为"一杯牛奶能强壮一个民族"，可他没钱；他想带孩子们去城里开开眼界，像当年的自己一样，在少年时便埋下理想的种子，可是，他还是没钱！

不仅他深受没钱的困扰，学生们也一样。茶寨小学的一个学期需要40元钱的生活费，照说这已经是低得不能再低的生活标准，可还是有很多孩子因为掏不出这40元钱而辍学。看着一个又一个孩子无奈地被家长领回家，吴金城的心好似在滴血。因为对那些孩子来说，这一走就意味着永远告别光明的未来。为了不让父辈的噩梦在孩子们身上重演，吴金城拼尽了全力，他将自己所有的工资几乎全用在了替孩子们交学杂费和生活费上面。对那些家庭困难的孩子，他从没说过一个"不"字，麻燕英就是其中的一个。

麻燕英是一个九岁的小姑娘，家中还有一个姐姐和一个妹妹。5年前，母亲因病去世，家里的生活全靠胳膊有残疾的父亲干点农活来维持，日子过得苦不堪言。燕英的学习成绩不错，一直是吴金城很喜爱的一个学生。一年前，她本该升到镇里去读四年级，可因为拿不出学费和生活费，她说啥也不肯去了。虽然镇上学生的生源与吴金城无关，但他却不忍心眼睁睁看着这个聪慧的女孩就这样辍学,他决心去燕英家里家访。

那是一个阴沉沉的雨天,吴金城披着雨衣深一脚浅一脚地来到位于山坳最深处的燕英家。因为没钱交电费,燕英家一直没有装上电灯,屋里黑得好像山洞,燕英正埋着头编竹筐。柔软的竹条在她细瘦的手指间翻飞,她的手指上满是被竹篾割伤的血口,有的地方用肮脏的布条缠住,有的地方却一直在渗血。吴金城心疼地握住她的小手,细声与她谈起心来。

燕英哭着说,一只竹筐在集市上能卖10元钱,她两天可以编一只,但她要是去上学的话,家里不但没人编竹筐,还得从家里往外拿钱。阿爸的胳膊每到阴天便痛得不能动弹,所以她决心不再给阿爸增加负担,而是自己挣钱贴补家用。她之所以这么做,还有一个原因:燕英的姐姐患了小儿麻痹症,燕英觉得姐姐腿不好,如果再不读书就更没出路,所以心甘情愿辍学,让姐姐去上学……尽管她强迫自己用平静的语气跟吴老师说这件事,可她毕竟是个孩子,说着说着,她就哭得再也说不下去。因为怕老师看到伤心,她心里一急竟把还没有编完的竹筐扣在脑袋上,呜呜地哭了起来,任凭吴金城怎么劝说,她也不肯把竹筐拿下来。

燕英的父亲抱歉地望着吴金城说:"吴老师,我知道你是好心,但我家燕英命苦,她恐怕没有读书的命了……"他的话深深刺痛了吴金城,燕英是个多么懂事的女孩,可就是这样优秀的孩子却即将被"命运"湮没在滚滚红尘之中!对这样的事,他无法坐视不理。吴金城紧紧握住燕英父亲的手,郑重地说:"明天还是让燕英去上学吧,她的学费我来出。"燕英的父亲听到这句话惊呆了,这个五尺汉子竟然流下了激动的泪水。此时,燕英也一下子把扣在头上的竹筐取了下来,不相信似的问:"吴老师,你说的是真的吗?"吴金城笑着点点头,燕英一下子把竹筐扔到一边,飞奔过来搂住吴金城的脖子欢呼起来:"太好了!我又能上学了!"笼罩在这个家的愁云惨雾,顷刻间烟消云散,就连黑乎乎的屋子仿佛也亮堂起来。

吴金城走的时候,燕英和父亲一直站在门口向他招手。他走了很远回头看时,一大一小两个身影仍然在他身后不断地向他招手。吴金城内心无限感慨,他有些自嘲地摇了摇头,对自己说:"吴金城呀吴金城,你这究竟是为了什么?"其实,吴金城作为一个民办教师,每个月只有800多元钱工资,而这些钱用于给学校购买教具和书本,还有资助贫困学生,每个月都所剩无几,刚刚在燕英家对她和父亲夸下"海口"时,他其实根本还没仔细想过如何兑现承诺。一路上,吴金城的眉头紧锁,不住地考虑着这个问题。

从学校回家的路上,要经过镇里的一家豆腐坊。吴金城打从记事起它就存在了,寨子里的人要吃豆腐都得到镇上来买,因此豆腐阿爹家的生意长盛不衰。不知为什么,吴金城突然对豆腐产生了兴趣,一头扎进豆腐坊,仔仔细细地观察起来。做豆腐的阿爹同吴金城父亲也是好朋友,见这个大学生蹲在石磨前看得目不转睛,不由得好笑地说:"金城伢子,这磨豆腐你小时候还没看够啊?都成大学生了还来看我磨豆腐玩?"吴金城索性老老实实地说:"阿爹,我想跟你学磨豆腐。""啊?"阿爹的眼睛瞪得溜圆,白胡子都差点贴到了吴金城的脸上:"我说,金城伢子,你没中邪吧?你一个大学生,要跟我学磨豆腐?"吴金城认真地说:"阿爹,你莫惊吓,我说的是真的啰!我们茶寨小学没钱办事,我觉得卖豆腐能赚到钱,而且,学生们的家大都离学校有半个多小时的山路,中午他们一般是不回家的,看着娃娃们中午不是啃个冷馍馍就是嚼个凉红薯,吃不上热乎的东西,我心里难受啊!学会了磨豆腐,我还可以给学校的娃娃们磨点豆浆补充营养。"听他这么一说,阿爹总算明白了。不过,他仍然有些疑惑地说:"金城伢子,你想向我学做豆腐，没问题，可你是个读书人，做豆腐可是件很辛苦的事。不瞒你说，阿爹做了几十年豆腐，每天都是半夜起床，从没睡过一整夜的觉哩！"吴金城憨厚地笑着："阿爹，我年轻，不怕。你可要把你祖传的手艺教我，可不许隐瞒啊！"阿爹一个劲点头："金城伢子，你放心，你这都是为了茶寨的娃娃们，这可是功在当代、利在千秋的大好事，阿爹支持你还来不及哩！"

就这样，吴金城成了豆腐阿爹的第一个学徒。做豆腐其实也没什么技巧，主要是选料要精，再就是要能吃苦。寨子里的主妇们都习惯清早买豆腐，安排好一天的伙食，然后下地干活，所以卖豆腐的人就得凌晨起床，花两三个小时把豆腐做好，在早上七点以前把豆腐上市。吴金城的家离学校还有一个多小时的山路，因此他就起得更早。

茶寨的人们很快就发现，寨子里不知何时多了一个年轻英俊的"豆腐倌"。每天清晨，寨子的那条石板路上总会准时响起悠长的吆喝声："卖豆腐哦……卖豆腐哦……"当主妇们纷纷拿出自家的盆或碗出门买豆腐时，才惊讶地发现，那个新来的"豆腐倌"竟是村子里唯一的大学生吴金城。看到他头戴斗笠，肩挑豆腐担的样子，大嫂子、小媳妇们笑得直不起腰来："金城，你这是在干啥啊？卖豆腐好玩是不是?"吴金城也不解释,只是好脾气地笑着:"大嫂,来块豆腐吗?"

由于吴金城的豆腐做得很好,而且只有他不怕辛苦地把豆腐挑到家家户户的门口,有了他,人们再不用为了买一块豆腐而跑到集镇上去了。所以,他的小生意开张后,竟然异常火爆,每天做满满两桶豆腐,七点钟以前就全部卖完了。人们还发现,他的豆腐特别好吃,又香又滑,咬一口豆香四溢。其实,这是因为吴金城做事用心的缘故,每次去买豆子,他都特意挑选颗粒饱满、又圆又大的黄豆,回家后还把有虫和坏掉的豆子一粒粒拣出来。头天晚上用水泡好,第二天磨浆前,他会去掉大部分脱落的豆壳,以去除豆腥味。这样用心做出来的豆腐自然好吃。很快,吴金城卖豆腐的"美名"就传遍了茶寨,寨子里的婆婆妈妈们一大早都端着小箩在门口等着他来。

然而,随着吴金城的豆腐越出名,流言蜚语也越来越多。有人跑到上级教育部门告状,说吴金城身为教师,不务正业,一心只顾卖豆腐赚钱。还有的家长跑到学校,要把孩子接回家,理由是"不愿意让一个豆腐倌当孩子的老师"。村支书得知这件事,也觉得有些不妥,于是亲自来到吴金城家,想知道这究竟是怎么回事。

村支书来的时候是晚上，吴金城正在满头大汗地选豆子、泡豆子。听说寨子里的飞短流长后，他沉默了。过了良久，吴金城拉开抽屉取出一个笔记本，递给村支书。村支书看着看着，不禁感慨万分。原来这里面一笔笔记载的，全是吴金城用卖豆腐的钱替学校添置的东西：从黑板到三角尺，从跳绳到羽毛球拍，从修缮屋顶用的石棉瓦到奖励孩子们学习用的字典、糖果……这些东西全是靠吴金城一磨磨、一圈圈慢慢地挤出来。吴金城有些难过地说："每天的豆腐除去成本，能赚12块钱，这里面的每一样东西都是从卖豆腐的钱里面来。因为磨豆腐，孩子们每天还可以喝上豆浆，其实我还希望自己以后可以做更多的豆腐，甚至开个专门的豆腐坊，让它成为学校的'教育基金'，可我没想到做一点好事竟然这么难，惹来这么多非议。如果大家都不理解的话，从明天起，我不卖豆腐了……"村支书连忙握住他的手说："金城，你别难过！从现在起我们大家都理解你、感谢你！"

从那天起，吴金城卖豆腐助学的美名不胫而走，得知他当"豆腐倌"不是为了搞副业，更不是为了赚私房钱，人们对他的敬佩更深了一层，他因此有了"豆腐老师"的美称。那些曾经对他有过误解的人，也惭愧不已。他们不好意思找吴金城当面道歉，只好用行动来弥补。于是，吴金城所到之处，都能受到人们热烈的欢迎。他的豆腐供不应求，有的人家甚至买下他整桶的豆腐，以表示对他无声的支持。吴金城高兴极了，他把卖豆腐的钱攒起来，到超市里捧回了一个299元的豆浆机。有了它，孩子们课间就能喝上热乎乎的鲜榨豆浆。更令吴金城高兴的是，这台豆浆机还有榨果汁的功能，他期待着秋梨成熟，等那时，孩子们就能喝上鲜榨的梨汁了。

"豆腐老师"的爱情

转眼间，吴金城已经在茶寨小学待了整整两年。他就像一株生命力顽强的种子，虽然落在贫瘠的土壤，枝叶仍然努力向上生长，根须依然牢牢抓紧大地。2010年，一个姑娘让吴金城的"根"更加牢固地扎在了茶寨的土地上。那一年，吴金城结婚了，妻子是下茶寨的一个姑娘。

回想起与妻子相识和相爱的情景，吴金城的心里不禁涌起一阵甜蜜。

那时，吴金城已经是远近闻名的"豆腐老师"。每天早上他走街串巷卖豆腐时，总有一个约摸二十岁的漂亮女孩等着买他的豆腐。吴金城不善言辞,总是接过女孩递来的零钱,给她切豆腐、过秤、找零,从不多话。时间长了,两人慢慢熟悉起来,但仍旧默契地不说话。终于有一天,女孩开口问他:"你是茶寨小学的吴老师吗?"吴金城点了点头,朝女孩憨厚地笑笑,正准备挑起担子走开。但女孩突然开口了:"我能去你那里听课吗?"吴金城有些惊讶了:这个女孩显然早已过了入学年龄,她为什么要去听自己上课呢?见他疑惑的神情,女孩不好意思地笑着说:"我小时候家里穷,没读过什么书,可是我最羡慕能读书认字的人,所以……"吴金城顿时明白了女孩的意图,他爽快地答应了。

第二天,女孩果然来到教室,坐在最后一排不起眼的地方。不过,她手里拿的不是书本,而是一双没有扎完的鞋垫。吴金城递给她一个本子和一支笔说:"既然上课就要有个上课的样子,不要扎鞋垫了。"女孩的脸刷地红了,在苗寨,女孩只要拿得动针线,家里人就会教她扎鞋垫、绣嫁妆,几个女人坐在一起聊天时,手里也在不停地扎鞋垫。但这里是吴金城的教室,他说了算。女孩接过笔和本子,认真地听起课来。

平心而论,吴金城的课上得不错,一篇普普通通的课文，经他一讲竟然变得那样妙趣横生、引人入胜。讲到高昂处，他激情万丈、豪气直冲云霄；讲到低沉处，他又变得庄严稳重，令人肃然起敬；讲到开心处，他会像个孩子一般哈哈地笑起来；讲到悲伤处，他的眼中含着泪水，令闻者无不动容。有一次，吴金城给孩子们讲岳飞的《满江红》，只见他时而抚胸长叹，时而壮怀激烈，时而怅然若失，时而黯然泪下……在他的讲述中，学生们仿佛都被带到了刀光剑影、山河破碎的南宋王朝，整个教室里静得连一根针掉在地上也听得清清楚楚。所有的人全都被吴金城迷住了，包括那个坐在教室最后排的姑娘。

她渐渐发现，只要讲起课来，这个看上去有点憨头憨脑的"豆腐老师"便会焕发出神奇的光彩，望着他的眼睛，你会忘记他身上穿着简陋的衣衫，也会忘记他赤着的双脚，他矮小的个头突然变得高大起来，英俊的面庞顿时有了一种摄人魂魄的魅力。

除此之外，她还爱上了他在教室里里外外忙碌不停的样子。他是那样能干：既能当木匠，也会当瓦匠，还是个不错的水电工……简直无法想象，在他那个瘦小的身躯里，究竟蕴藏着多大的能量，那仿佛是个取之不尽、用之不竭的"能量库"，不论何时、何地都会爆发出惊人的力量。看到他忙碌而灵巧的身影，就让人心里觉得踏实又温暖。

　　最让她动心的，是他对孩子们那温柔的态度和眼神。课间时分，吴金城给孩子们打豆浆和果汁，小馋猫们免不了挨挨挤挤、打打闹闹，有的抢着要喝第二碗，有的把果汁泼到了衣服上，有的把小脸糊成了个"大花脸"，而吴金城总是那么温和地看着孩子们，柔声细语地说："别急，每个人都有啊，来，排队……"孩子们喝完了，他又把他们叫到自己跟前，给他们挨个擦干净嘴角的残渍。那份耐心和爱心，就是孩子们的亲爹娘，也不一定做得到。看着他温柔的眸子，女孩不敢与他对视，心里怦怦直跳。

　　而孩子们对吴金城的依恋，也更加令人感动。每到下课时，孩子们总是争先恐后地往吴金城身边挤，能紧紧挨着他，甚至被他抱在怀里的孩子，脸上就洋溢起幸福的红晕。那种满足，只有依偎在母亲怀中的孩子脸上才看得到。

　　这些情景，让女孩看痴了。她心中不由得一遍遍感慨：这是个多好的人啊！一颗心，在不知不觉中便被他俘虏了。

　　终于有一天，女孩上完课后红着脸递给吴金城一双鞋垫："喏，这是给你的……"说完便害羞地跑开了。吴金城拿着鞋垫愣住了：这简直是他见过的最美的工艺品！方寸大小的地方，竟错落有致地绣着董永与七仙女的故事，人物栩栩如生，针脚细密扎实，更难得的是气韵灵动，透露出绣者的聪慧与内秀。直到这时，吴金城才想起要谢谢送他鞋垫的女孩，可她早已经跑得没影了。按照湘西的风俗，年轻女孩送鞋垫给男孩，总有着特殊的含义，再想想女孩羞红的脸庞，吴金城猛然悟出了她的良苦用心。他摸了摸头，不敢相信幸福真的就这么来了。

　　吴金城恋爱了。那个送鞋垫的女孩最终成了他的妻子。当婚后的他问她，当代课老师没多少钱，也没什么前途可言，她为什么还要嫁给他呢？她羞涩地坦言："我就是喜欢你上课的样子，觉得特别有魅力，有男人味。"

　　婚后，他们很快有了爱情的结晶，三口之家过得温馨又美满。然而吴金城知道，妻子为这个家付出了很多。因为要负责三个年级所有的课程，家里的农活几乎全是妻子一个人包干。忙完地里的活，妻子还要回家给他和孩子做饭。不仅如此，自从嫁给他后，妻子也成了学校的"编外后勤人员"，孩子们的衣服脏了、破了，妻子总是快手快脚地把它们洗净、缝好，再亲手给孩子们穿上。以往吴金城只能趁下课时打豆浆给孩子们喝，但豆浆机一次只能打一升多一点，有的孩子轮了几节课也轮不上喝，急得直哭。而现在，妻子让他放心地上课，豆浆由她打好，下课时再端进教室分给孩子们喝。时间长了，孩子们一见到她也特别亲热，抢着往她身边挤，那情景一如当年她看到吴金城的样子。每当这时，吴金城与妻子总是会相视会心一笑，无数的幸福、温馨尽在不言中……

为了弥补对妻子的歉意，吴金城只要有时间，便抢着做家务。周末没课的时候，即使在下雨，他也要尽量把家里的农活干完，为的就是让妻子能好好休息。妻子心疼地劝他别干了，趁周末自己也休息一下，协商的最后结果往往是两人一起去干活。于是，每逢周末，寨子里的人总会看到小两口亲亲热热地一起下地，收工后又手拉手一起回家，那情景真是羡煞旁人。

有人曾经对吴金城说，他不该找一个茶寨的姑娘结婚，那样就把自己的一生紧紧"钉"在了这个小山村里。但吴金城却说："我很自豪有了她这样的妻子，就算是为了她，我也心甘情愿一辈子'钉'在茶寨，我希望能永永远远、生生世世'钉'在这里，陪伴着她，白头到老……"

小小苗寨，伟大的坚守

吴金城是这么说的，更是这么做的。初到茶寨时，他有两次去县里考特岗教师的机会，但为了照顾孩子们，他两次都没去报名。由于特岗教师只招应届毕业生，吴金城的放弃意味着，他或许永远地失去了当公务员、进入编制内的最后机会。从收入上来说，在编教师月工资至少有2000元，而代课老师只有840元；从长远来看，当代课老师更没"前途"，养老、医疗等都没有保障，也缺乏被提拔的机会。人们都说吴金城傻，说他的脑壳里硬是进了水。在最初的几年里，吴金城也曾经后悔过、动摇过，但随着时间的推移，他越来越发现了自己工作的价值。

在这个"一师一校"的典型村小里，吴金城既是老师，又是校长；既是管理员，又是保姆和维修工。几年来，吴金城就连结婚也没有请过一天假，因为他一天不在就意味着孩子们要停课一天。孩子们对他百分之百的依赖，让他早就养成了一种"舍我其谁"的责任感和使命感。他在茶寨小学任课期间，学校的学生由最初的28名一直稳定在49人左右，辍学率为零。这是最让吴金城骄傲的事，只有在村小工作过的人，才明白百分之百的升学率意味着什么。为了留住学生，吴金城使出了浑身解数。最让他愧对妻子的是，结婚好几年了，他的工资基本上花在了学校，几乎没给家里交过一分钱。

有一个学生在茶寨读了四年书,只交过一次钱。有一次,学生家长过意不去,凑了一点钱来交给吴金城,虽然仍不够一个学期的学费,但他执意要用这种方式表明自己内心的歉意。吴金城把学生家长递来的一卷破烂的毛票塞回他的衣袋,诚挚地说:"不用了,你拿这些钱给孩子买件厚点的衣服吧,冬天到了。"那名学生家长眼里含着泪水,给吴金城深深地鞠了一躬。

令吴金城欣慰的是,这名学生的成绩一直很不错,从茶寨小学升到镇小后,一直在班上名列前茅。去年,他以绝对的高分考上了县里的重点中学。但不管走到哪里,他总向别人介绍:"我是吴金城老师的学生。"

吴金城在茶寨小学教书近六年,最早的一届学生已经高中毕业,有的考上了名牌大学。这些学生逢年过节总是会给吴金城打电话,有的还亲自来他家里给他拜年。回忆起艰苦又幸福的往昔岁月,孩子们总是会舔着嘴回味无穷地说:"吴老师,你磨的豆浆好香呀……"每当这时,吴金城总是与妻子一起满足地笑了。

有一阵子,寨子里兴起了一股"石头热",有人请地质勘探专家勘查过,茶寨附近的大山上盛产一种矿石,这种石头很值钱,挖到一块最少能卖 100 元,如果遇到含量高的好石头,一块就能赚上万元。此风一出,村民们都不种地了,纷纷扛起锄头去后山"挖宝",而他们中也有不少人确实因此而发财。这时也有人劝吴金城:"别教书了,一年教上头也赚不了几个钱,你也是有老婆孩子的人,就算不为你自己,也得为家里人想想。跟我们一起挖石头吧……"一番话说得吴金城也动了心。说实话,结婚这么多年,他心里最愧对的便是妻子和孩子,不论从哪方面,他都觉得亏欠家人太多。他是个教师,但同时也是个男人,一个丈夫,一个父亲,他也渴望能给家人创造幸福富裕的生活。于是,趁着一个周末,吴金城扛起锄头跟朋友一起上山挖石头去了。

那一天运气很好,他们挖到几块不错的石头。吴金城与朋友一起下山把石头卖掉,竟然得到了720元钱!720元,快顶上他一个月的工资了,可这仅仅是他一个周末所得。这笔账,吴金城不是不会算。朋友兴奋地劝他:"怎么样?这活儿干得吧?我跟你说,下周一就别去学校了,直接加入我们的队伍。我们组一个专业的班子怎么样……"朋友显然早已考虑成熟,准备组团大干一场。吴金城只觉得被这笔飞来横财砸晕了头,脑子里晕晕乎乎不知该想些什么,他含糊地应付了朋友几句便回到了家。

看到他拿回来的一摞百元大钞，妻子的眼睛也瞪圆了。当明白丈夫是去山上挖石头卖的钱时，她不禁哑然失笑。吴金城试探地对妻子说："人家让我明天别去学校上班了，跟他们一起去挖石头，说不定每天还不止赚这些钱呢。"妻子望着他嫣然一笑："你不会去的。"吴金城不服气地问："为什么？"妻子说："你舍不得那些孩子。"

第二天，马上就到上课时间了，吴金城打定主意不起床。他想试试看，自己究竟能不能从教师这个角色中抽离出来。没想到，每一分钟都像一年那样难熬。他躺在床上翻来覆去睡不着，脑子里全是孩子们没有老师的惊讶、迷茫和痛苦的神情。迷迷糊糊中，他似乎听到孩子们在哭着说："吴老师，你也不要我们了……"吴金城猛地一个激灵，一下子坐了起来。他穿上衣服和鞋子，飞一般地奔向教室。一边飞奔，他的头脑也一边渐渐清醒了。他自责："吴金城呀吴金城，你差点就被一点钱给蒙住了双眼，忘了自己的使命！"

当吴金城再次来到教室时，上课时间刚好到了。他让孩子们翻开书，朗朗地读起课文，一种熟悉的感觉渐渐回到身体内。那一刻吴金城知道，"知夫莫若妻"，妻子没有说错，他这一生真的再也离不开这所学校，离不开这些孩子们。

2012年9月，吴金城光荣地被评选为"全国最美十大乡村教师"，获此殊荣，让他既感到意外又倍觉责任重大。9月9日，在中央电视台的演播大厅里，吴金城接过了由哥哥吴金胜和弟弟吴军健为他颁发的奖杯和证书。仿佛命运的安排，他们三兄弟先后都成了光荣的人民教师，而且不约而同地站在了乡村小学的讲台上。主持人白岩松说得好："我觉得这个奖，应该颁给他们三个人。"吴金城为自己的兄弟自豪，更为他们所从事的职业而自豪。

颁奖典礼结束后，中央电视台这一期节目引发的巨大反响持续发酵，许多人通过电视屏幕知道了吴金城和他的茶寨小学，知道了这名满怀柔情的"豆腐老师"为孩子们付出的一切，更知道了处于贫困边缘的乡村小学举步维艰的事实。于是，社会各界的关心和帮助像雪花一样飞来，孩子们收到了文具、书包和御寒的衣物，吴金城把这些物资发给孩子们的时候，他们都高兴得欢呼起来。

河南电力器材公司职工给茶寨小学集体捐赠了3000元爱心款；蒙牛集团总裁孙伊萍亲自赶往茶寨小学，向学校和吴金城个人各捐赠了10万元；中秋节前夕，茶寨小学还收到了爱心人士寄来的月饼。吴金成把它们分给了孩子们，孩子们从没有见过这么多种类和口味的月饼,都非常开心。很多孩子的父母都在外打工,中秋节没法赶回来,更没法和孩子们在一起吃月饼。一些孩子舍不得吃,小心地把月饼收起来:"等爸爸妈妈回来一起吃。"

更让吴金城兴奋的是,中秋节之后,著名教育机构安博京翰教育得知了茶寨小学缺少校舍的事实,同时也钦佩吴金城这位"豆腐老师"想尽千方百计办学的精神。于是,他们决定对这个偏远的乡村小学进行点对点的帮助。安博京翰教育湖南学校的代表与央视"寻找乡村最美教师"栏目组,不但为孩子们送上了新书包、新文具盒、新校服,同时郑重承诺将援建茶寨小学,让教育与梦想在这里起飞!对吴金城来说,这简直是意外之喜。许多年来的梦想,竟然在一朝得以实现,他连续在电话中确认了好几遍,才相信这是真的。"这不仅是我的希望,也是全村人的希望。等新的学校修好了,孩子们就会有新教室、新操场、小食堂、新浴室。"憧憬着崭新的校舍,吴金成笑得阳光而灿烂。

目前,新校舍的选址和筹建正在紧锣密鼓地进行中。吴金成瘦弱的身影依旧活跃在孩子们中间,不同的是,有了社会的支持,他感到内心有一种强大的力量,以往那种"一个人战斗"的孤独感消失得无影无踪。

当中国青年网的记者问吴金城:"如果有一天你转正了,你还会留在茶寨吗?"他坚定地点了点头:"我会永远守住茶寨,守住这里的孩子们!"记者问:"你会不会觉得付出太多而得到太少?"他沉吟良久回答说:"总有一些人要这么去做……我愿意像我们苗寨的石板一样,为孩子们铺出一条走出大山的路。"

他说这句话时,凝望着远处那重重的山峦。半年前父亲去世了,吴金城三兄弟依照父亲的嘱托,将老人家葬在那座大山下。父亲面对的方向,正是孩子们走出大山的路。老人临终时对他们说:"我当了一辈子老师,却没能把孩子们送出大山,但死后一定要亲眼看着你们把这件事做完……茶寨的孩子一定要走出去!"父亲的遗言深深地刻在吴金城的心上。他也在憧憬着,终有一天,茶寨能被一群"走出去"又"走回来"的年轻人建设得更加美好。

安静的校舍里,孩子们朗朗的读书声久久回荡……

"铿锵玫瑰"迎风绽放，难忘"足球老爸"那灿烂的笑容

——记海南省琼中县琼中中学体育教师肖山

  7年前，他放弃足球俱乐部三万元的月薪，来到海南琼中这个国家级贫困县，建立起海南省第一支业余女子足球队。他带领着这群来自大山的姑娘，从零开始，一边踢球，一边开荒种菜、捡废品筹集资金……如今，这支当年并不被人看好的队伍如同一匹横空出世的黑马，成了球坛上一支响当当的"玫瑰劲旅"！

人们说，她们给萎靡不振的中国足球带来了一股清新的野性之风；也有人说，看到她们就好像看到了中国女足的未来。但姑娘们永远不能忘记的，是那个让她们爱上足球的人，那个让她们懂得用奋斗改变命运的人：她们的"足球老爸"肖山。

一则命运的"不等式"

2005年底，海南省琼中县县城，走来一位神采奕奕的中年男子。他留着小平头，穿一身运动服，肩挎着运动背包，举手投足显现出与小县城的人们格格不入的气质。尤其令人惊异的是他的那双眼睛：沉稳、睿智，一望而知便是个有阅历的人。他就是肖山，彼时的他应恩师谷中声之邀，到琼中县考察并组建一支女子足球队。

肖山出生于1966年3月，从小热爱体育的他对足球尤其有着痴迷的狂热。高中毕业后，他一路考上了上海体育学院，专业是体育足球。毕业后，肖山更是与足球结下不解之缘，他曾效力甲B球队江苏加佳，司职前锋，他的梦想是进入国家队，为国效力。在赛场上，他敢打敢拼，像一阵旋风令人不敢抵挡。然而28岁那年，他因为腿部受伤而不得不遗憾地挂靴。当然，告别赛场并不意味着告别绿茵场，肖山因为精湛的技术和对足球的深刻理解，任职湖南一家足球俱乐部的教练。那正是肖山事业的黄金时期，像他这样身价的教练，在任何一个俱乐部月薪都不会低于三万元人民币。可是，就连肖山自己也没有想到，就是这趟抱着"试试看"心态的旅程，竟改变了他人生的轨迹……

琼中县很小，县城的中心是一个名叫营根镇的小镇子。也可以说，这个县城只有镇子大小。肖山背着行李，却在狭窄的街头迷茫了：只见各种农用车、三轮摩托和载客用的小边轮呼啸着在街道上疾驰，似乎没有停下来的时候，而他举目四望，居然没有发现红绿灯！纳闷了很久，肖山最终忍不住抓住一位背着茅蔗的男人问："大哥，请问这路上的红绿灯在哪？"那个男人却吃惊地反问："什么是红绿灯？"肖山终于哭笑不得地明白：原来，这个小县城是没有红绿灯的。

见到自己的老师谷中声后，肖山已经有了回去的心思。谷老师是肖山在体校时的老师，他是土生土长的海南人，已经退休。见到满脸沮丧的肖山，谷老师仿佛已经猜出了他的心思。他什么也没说，请他喝茶、吃饭，吃完饭又带他去参观海南漫山遍野的橡胶林。

漫步在橡胶林中,一棵棵橡胶树生长得蓬蓬勃勃,虽然每棵树干上都伤痕累累,但它们依旧坚韧不拔,快乐地随着海浪椰风摇摆歌唱。肖山不由得惊叹橡胶树顽强的生命力,谷老师点点头,终于把自己的想法和盘托出:"肖山啊,你是我最看重的学生,现在我就是想把一群像橡胶树一样顽强的女孩子交给你,让你把她们锻造成一块块好钢!"

谷老师告诉肖山,琼中县是苗族黎族自治县,也是海南最穷的县城之一,一年的财政总产值也不过两三千万元。琼中县县委书记董宪曾上任后,认为琼中不仅是经济穷县,更是文化穷县。县城贫困的根源在于教育力度不够,人民受教育程度太低,许多黎苗孩子,尤其是女孩得不到读书的机会,很小就帮着家里干活,长大成人就结婚生子,使得"文化穷县"的帽子世代相传。为此,董书记大力开展"教育扶贫"工程,就是想帮助更多的黎苗女孩能读更多的书,见更多的世面,帮助她们走出大山,重新开辟新的人生道路。

董书记的想法与谷老师不谋而合。谷中声早就发现,琼中女孩的身体素质特别好,她们有着惊人的弹跳力、身体耐力和爆发力,下肢也都矫健修长,是踢足球的好苗子。因此他向董书记提出:如果能在琼中县组建一支女子足球队的话,既能为国家输送足球人才,也解决了这些女孩的读书就业问题,是一举两得的好事。谷老师的提议得到了董书记的认可,他们一起找到琼中中学的校长陈华强,一番商议后,这件造福黎苗女孩、利在中国足球的好事就这样拍板决定了。

"我们已经组建了一支24人的女子球队,但我年纪大了,我想把这支队伍交给你。肖山,我相信你能把她们训练成最优秀的足球运动员!"谷老师用期望的眼神望着肖山,可这位他最喜爱的学生却没有当场表态。

作为一位职业足球教练,肖山经验很丰富,他很快算了一笔账:足球是一项"烧钱"的运动,一支24人的队伍要保证战斗力,至少要保证队员的身体素质,营养要跟上,所以伙食费这块绝不能省;另外,球队的生命在于比赛,只有不断地让队伍走出去,参加各种各样的比赛,技术才能得到磨练,眼光才能更开阔,可出去比赛,衣、食、住、行哪样离得开钱?而此时据肖山所知,琼中女子足球队的"启动资金"只有区区十万元钱!就这十万元钱,也来之不易,是县领导们到处想尽办法"化缘"所得。谷老师告诉肖山，这笔钱包括队员们的伙食费、服装费和教练等工作人员的所有开支。这实在让肖山有点抓狂，他工作过的球队和俱乐部也不少了，十万元对于别的球队来说，可能仅够给队员买球鞋用，而现在他竟然要用这点钱带起一支球队。这样的一个穷县，真能"玩"得起足球吗？想到前路的坎坷，肖山打起了退堂鼓，他思考一夜后告诉谷老师："老师，对不起，这球队我带不了。"

遭到肖山的拒绝，也是谷老师意料中的事，将一群没有受过任何训练的山里妹子打造成一支专业足球队，这事儿本身听起来就有些异想天开。肖山作为一个职业足球人，他的拒绝其实正是为自己负责，也为这支球队的未来负责。但是，谷中声没打算放弃。

几天以后，谷老师找了个机会，再次把肖山带到了上次他们去过的那片橡胶林。当时已经到了割胶时节，橡胶林中骤然多了许多割胶的妇女。她们身后背着娃娃，胸前挂着胶桶，正在树林中勤勤恳恳地劳作着。谷中声指着其中一个面色黧黑的妇女问肖山："你猜她多大了？"肖山打量了这个妇女的面容，迟疑着说："该有四十多岁了吧？"谷老师摇摇头说："你错了，她只有二十五岁。"肖山惊讶极了。看到他的神情，谷老师沉重地说："琼中地方的风俗，男人是不干活的。女人一旦结婚，既要生孩子、带孩子、做家务，还要割胶、种田、养猪、放牛。所以，琼中的女孩命苦啊！我总在想，如果有一种方式能让这些女孩中哪怕一个、两个脱离嫁人、生孩子、干苦力的命运，将来也许这些女孩就会给这里带来风气的改变，从而改变所有琼中女孩的命运……"谷老师的话，在肖山心中掀起了波澜。他没有想到，小小一支足球队，竟承载着这样大的梦想与使命。本来坚如磐石的决心，在这一刹那间动摇了。

谷老师接着说："我知道你现在在俱乐部工作得得心应手，收入、待遇各方面都很不错。但你想过没有，俱乐部做得再好，你也没有自己的队伍，充其量你只是整个足球队中的一个重要角色。但如果你能来琼中，能扎扎实实带出一支好队伍，这支队伍就是你的！它有可能冲击省队、国家队，甚至有可能扬名世界！当初扬威世界的'马家军'不就是这样吗？有多少人曾经断言中国田径不行，由于体能的限制，中国不可能培养出优秀的田径运动员。结果，马俊仁教练还不是照样培养出了王军霞等一大批优秀的田径选手！"提起"马家军"，肖山胸中也不由得涌起一阵自豪感。作为一个资深体育人，"马家军"曾带给他的震撼无可比拟，那梦幻般的成功不知多少次激起他作为中国人的热血与激情。

一股男人的豪情在他胸中激荡：队伍，一支自己的队伍，一支将来能带着他的梦想冲击中国乃至世界足坛的队伍，这对他有着多么大的诱惑力！他不再多想，而是紧紧握住谷老师的手说："老师，这件事，我干！"谷老师笑了："肖山，我没有看错你。"他紧接着又半开玩笑地叮嘱了一句："你来琼中，我只能给你月工资一千五，跟你现在三十多万的年薪可没法比。"肖山拍着胸脯承诺："老师，您放心，我不会给您丢脸的！"

就这样，放弃了高薪的工作和舒适的环境，放弃了唾手可得的功成名就，放弃了按部就班的稳扎稳打，肖山开始了一场看不到未来、极不确定的"梦幻之旅"。对于常人来说，这是一则答案显而易见的"不等式"，但对肖山来说，它是一次充满激情的人生大冒险。

黎苗女孩梦想起航

2006年2月，肖山辞去了足球俱乐部的工作，正式到琼中中学报到，成为一名普通的体育老师。上课第一天，他召集所有队员集合，可面前高矮不齐的这帮孩子让他的心一下子变得拔凉拔凉的。

　　这就是他今后几年将要精心打造的"梦之队"吗？这些女孩身高最高的不过一米六五，最矮的目测只有一米五，而且由于长期营养不良，她们个个都瘦弱得像豆芽菜，那细胳膊细腿看上去仿佛轻轻一碰就能折断。肖山摇头苦笑："谷老师啊谷老师，您这是咋挑的好苗子啊？"然而，开弓没有回头箭，既然已经答应了谷老师，肖山就得硬着头皮把这件事做下去。

　　他想先了解一下队员们的思想状况，于是他问："同学们，你们为什么要来这里？"本以为会听到"为国争光""热爱足球"一类的答案，没想到她们的回答却令他啼笑皆非："因为可以吃饱饭！""吃饭不要钱！""有鞋穿！"肖山挨个问遍了，她们中没有一个是为了足球运动而来，有的女孩甚至还不知道自己是来踢球的。肖山还注意到，好几个女孩站在那里，两只脚不停地在鞋里动弹。他询问有什么问题时，女孩回答说，她们的脚从来没穿过鞋，刚穿上鞋不习惯，痒。肖山没辙了，看来培养未来的足球苗子的想法得暂时放放，先教会这些女孩做个文明人再说。

　　于是，第一节训练课，肖山再也没提足球的话题，而是耐心地给女孩们讲起了生活和卫生习惯。"每天清早六点半起来,每个人都要刷牙,牙刷和牙膏都已经发给你们了,先把牙膏挤在牙刷上,然后……来跟我一起学做这个动作。"从刷牙讲到洗脸、洗头和洗澡,然后交待多长时间剪一次手指甲和脚趾甲,足足讲了一整天,可把肖山给累趴下了。

　　第二天,肖山依旧不提足球,他讲的是球队的规矩。比如不许迟到、早退,每天必须完成当天的训练量,还有队友之间要互相帮助,互相监督等。他每宣布一条规定,便叫出一个队员,让她重复给别的队员听。所有规定宣布完后,每个队员再挨个到他面前背诵,以此来检验她们是否真的记住了这些规矩。

　　足足一个星期,肖山都在教这些女孩养成卫生习惯和重复背诵队规。终于有一天,一个女孩忍不住了:"教练,我们到底是来做什么的?"肖山的目的终于达到了,他大声说:"这个问题问得好!你们到底是来做什么的?现在我就来回答你们的问题。"他拿出一个足球,问队员们:"这是什么?""球!"女孩们声音响亮、整齐划一地回答。"那么,它是什么形状呢?"肖山接着问。"圆的!"女孩们的声音依然响亮。肖山紧接着问:"我们拿它来做什么呢?"这个问题把女孩们给问住了。她们你看看我,我看看你,谁也不知道这个黑白相间的圆溜溜的球究竟是用来干什么的。肖山拿着球,挨个从女孩们面前走过,可她们望着足球都疑惑地摇摇头。终于,当肖山走到一个圆脸女孩面前时,她用并不标准的普通话大声说:"要踢它!"肖山笑了,冲女孩竖起了大拇指:"说得对!这个球是用来踢的!"他抱着球走到操场中间,把球放到地上,一记漂亮的铲球,足球滴溜溜旋转着,飞向远处的球门……球进了。

肖山告诉女孩们:"从今天起,你们分成两队,一队要努力像我刚才那样,把球送进那个方方的门框,而另一队就要努力阻止它射进去。明白吗?"女孩们懵懵懂懂地点点头。

肖山接下来给女孩们分配"角色"。通过几天的接触,他已经大致了解了这些女孩各自的性格特点,于是分别给她们设置了前锋、中锋、后卫和守门员等职责。"前锋就好比突击队员,永远要冲在最前面,脚上技术要好,得分就全靠她了;中锋需要最顽强的人来担任,缠住对方,给自己的前锋制造得分机会,对中锋来说,最重要的不是'得分'而是把'机会'转化为'得分',所以通常把中锋叫'尖刀';后卫主要是防守,阻止对方进攻和得分,一个好的后卫不比前锋的作用差;守门员呢?当对方的前锋带球冲到你的球门前时,你一定要把好最后一关,不顾一切将对方的球扑出球门外!记住,是不顾一切……"肖山认真地讲着,队员们也听得认真。肖山从她们发亮的眼神中可以看出,她们觉得这个游戏太好玩了!

搞懂规则已经是半个月以后,肖山终于带着这群女孩开始训练了。琼中中学400平米的操场上出现了这样的一幕:一个勇武的中年男人带着一群参差不齐的瘦弱女孩,一边大声喊着"一二一",一边围着操场一圈又一圈地跑步。不论刮风下雨,也不畏酷暑高温,肖山总是会准时地出现在操场边。他出现的时刻就像时钟般准确,以至于操场边卖水果的小贩都把他当作了钟表。在他的带领下,女孩们认真地跑圈,练弹跳,她们的劲头很足,稚嫩却清亮的口号声一直传到很远很远。

通过这段时间的接触,肖山渐渐发现,这群琼中女孩确实是不错的苗子。她们最大的特长就在于能吃苦,不论他给她们布置多大的训练量,她们都能二话不说按量完成。他以前带过许多队员,有的队员想方设法偷工减料,有的队员虽然不拒绝训练,但运动量稍微超一点便会崩溃。而这群女孩,别看她们长得精瘦,但小胳膊和小腿上的肌肉却在长期的劳作中练得紧绷绷地,充满了弹性和爆发力。

看着她们在操场上奔跑的健美身影，肖山这才理解了谷老师为什么会挑选这些女孩，她们确实是难得一见的好苗子。

肖山发现，随着训练的深入，他内心对这群孩子越来越欣赏，信心也越来越足了。在训练休息的间隙，他常常让女孩们围着自己坐下，他给她们讲足球的来历，足球的使命，讲外面的世界，还讲足球连着祖国和自己的命运……女孩们听得入神，眼神里渐渐升起了渴望。肖山刚见到她们的时候，只觉得这些女孩的眼神十分干净、清澈，仿佛深山里一泓从没受过污染的清泉。但干净归干净，她们的眼睛里没有"东西"，显得很空洞，茫然。现在，他要用心给她们的眼睛装进些"东西"，譬如梦想。"一个有梦想的女孩，她的眼神才会灵动，心才会聪明……"肖山对女孩们谆谆教导，直到她们每个人的眼中都燃起希望的小火苗。

训练有条不紊地进行着，肖山也很享受孩子们从身到心慢慢成长的过程。但渐渐地，一些流言蜚语出现了。肖山训练队员们时，镇上一些游手好闲者常常来看热闹。对于一个风气尚不开化的小县城来说，成立女子足球队闻所未闻，更令人好奇的是，还有一个说着外地口音，不知来自何方的"神秘"男教练。

"女人也能踢球？""踢球有什么用，长大了还不是要嫁人生娃下地干活！""哪有男教练带女娃的？""这人莫不是有神经病吧？听说是从大城市来的。放着大城市不待，跑到我们这个小地方来干什么？"起初，肖山对这些乱七八糟的传言一概不理会，清者自清，他相信过一阵子流言就会消失。可是，队员们毕竟是孩子，而且是涉世不深的小女孩，听说"长大了还是要嫁人生娃下地干活"的言论后，她们的情绪有了明显的波动。无论肖山怎么跟她们讲道理，她们就是不信踢球能改变命运。而她们的父母听说了一些闲言碎语后，也找到学校来要求把女儿领回家。

一天，肖山刚刚带着孩子们训练完，一个中年妇女气冲冲地跑过来，拉起队员王丽丽就走。肖山急忙阻止她，她却说："听说你一个大男人，还教我闺女怎么洗澡，你这不是耍流氓吗？我不要我的女儿跟你这个流氓教练待在一起！"王丽丽哭着喊着不愿意走，可她母亲硬把她往外拉。肖山生气地说："你这话是什么意思？王丽丽是我的队员，她在这里由学校统一管理，你不能说带走就带走！"王丽丽的母亲索性指着肖山的鼻子说："我听别人说了，你们这些当教练的，就是拿我们的孩子赚钱，等把钱赚到手就开溜，要不然，你从城里到我们这个小地方来干啥？"肖山被她一番蛮不讲理的话噎得说不出话来，顿时气结。他也是人，也是个血气方刚的男人，他抛弃了优厚的待遇和舒适的生活，仅凭一腔热血和满脑子的理想来到这个小地方，可得到的却是这样的质疑和诘问，这实在让他悲怆又失望！

那一天，王丽丽的母亲最终还是没能把女儿拉走。因为王丽丽哭着跪在地上求母亲，不愿意离开足球队。肖山理解这个姑娘，在足球队短短一个月的时间，女孩们的思想上可以说脱胎换骨，她们接触了那么多与以前不一样的人和事，她们的头脑中已经朦朦胧胧地出现了一个美丽的新世界，怎么可能再回到以前的那个旧世界中去？

但是，肖山的内心却写满了悲哀，刚刚看到的希望之火，在世俗的压力下却显得那样微弱无力。他终于意识到自己确实是一个太过理想化的人，而理想，终究要让位于现实。肖山整理好行囊，在当天中午便准备离开。

没想到，他刚刚走到校门口便愣住了：24名学生齐刷刷地站在校门口，见他走来，全都呼啦一下子围了过来。女孩们什么话也不说，只是倔强地抢过他手里的背包，并簇拥着他往回走。肖山虽然心里极不情愿，但脚步却不由自主地被她们裹挟着不断走回来。他心里一急，只好大喊一声："你们别这样！我一天也不想待在这个地方了！"听到他的吼声,女孩们怔住了。队员陈欣从口袋里摸出一样东西递给肖山:"教练,我们知道你不喜欢我们这个地方。但有了它,你会慢慢喜欢上这里的。"肖山接过来一看,陈欣递给他的竟然是一瓶海南特产黄辣酱。这个七尺男儿顿时泪如泉涌:他来到琼中后,一度苦恼于与当地人语言不通,饮食也不习惯。肖山在湖南待久了,早就习惯了当地香辣浓厚的饮食风格。而琼中人饮食清淡,无盐少味,肖山每顿饭都味同嚼蜡,苦不堪言。原来,细心的姑娘们早就注意到了这件事,并以她们的能力给他提供了最大的"帮助"。虽然只是一瓶小小的辣酱,但肖山明白它所蕴含的意义,这叫他如何能不动容!

是的,现在他暂时不喜欢这个地方,但这瓶辣酱,这群可爱的姑娘们,会让他渐渐喜欢上这里……想走的念头瞬间被打消了,肖山把行李扔在地上,冲着队员们大手一挥:"走,咱们跑步去!"

我们最亲的"足球老爸"

流言止于智者,更止于意志顽强的人。当肖山将一切流言蜚语置于脑后,以铁一般的纪律依然故我地进行着各种训练时,盛极一时的流言竟悄悄地消失无踪了。风波虽然过去,肖山却从这件事情上发现,作为一个男教练,的确有很多生活上的事情他不方便插手,他迫切地需要一个女助手。

然而,琼中中学只有肖山一个人的编制,即便如此,财政上也是捉襟见肘,他怎么可能要求学校再为他加派助手呢?想来想去,肖山想起了一个免费的"女助手":他的妻子吴小丽。肖山从湖南来到琼中后,吴小丽就在海口找到了一份不错的工作,两人商定每隔一段时间,肖山便到海口度假,夫妻二人好好团聚。但肖山看眼前的情况,训练工作十分紧张,在海口团聚已成泡影。

当肖山期期艾艾地提出,让妻子辞去工作,到琼中来全力支持自己的工作时,吴小丽摇了摇头,半带讥讽地对丈夫说:"老肖,你自己献了青春也就罢了,怎么还要献我的青春呢?"肖山惭愧地说:"小丽,我知道你跟着我没享过一天福,但是现在琼中女足需要人手,我一个大男人管理这么多女孩子,不方便,你就帮帮我,好吗?"妻子说归说,但行动上对肖山的支持却不含糊,她三下五除二打理好在海口剩下的工作,辞职来到了琼中。

从那天起,吴小丽便成了琼中女足的"编外人员"。她分管的事情很多,从生活管理员到采购员,从厨师到勤杂工,除了不拿一分钱工资外,她几乎包揽了队里所有的大事小情。

每天早上,吴小丽便早早来到琼中的菜市场,这里的小贩很快与这个操着外地口音的秀丽女子相熟了,她的身影一出现,便有好几个菜贩高声与她打招呼。但他们知道,这个熟客却不是个大主顾,因为她总是挑最便宜的白菜、萝卜、豆芽菜等,偶尔买一点肉,她都要精打细算,争取让每个孩子都能吃上一点,而她和丈夫则长年见不到油星。为了省钱,吴小丽还特别喜欢在晚市快收摊的时候来买菜,因为那时菜大多已经不太新鲜了,便宜。

虽然买的都是便宜菜,但吴小丽在烹饪上却用足了心思。孩子们正在长身体的关键时期,再加上每天大运动量的训练,不让她们吃好、吃饱,训练是无法继续下去的。在她的巧手烹调下,这些普通的蔬菜竟也味美可口,孩子们每次都吃得津津有味。

但是,吴小丽再怎么用尽心思,青菜毕竟还是青菜,不可能变成香喷喷的猪肉。孩子们每顿吃得挺多,但蔬菜不顶饿,往往刚跑两圈就感觉肚子又是空空如也了。时间一长,孩子们都患上了"饥饿恐惧症",刚吃完午饭,还没走出二百米远,就感到肚子又饿了!为了支撑下午的训练,有的女孩想出了一个"好办法",就是每天训练时带上一大瓶水,跑饿了就到场边猛灌一气……孩子们的行为深深刺伤了肖山和吴小丽,这群懂事的孩子真让人又感动又心疼,他们只恨自己没能力,居然连一顿饱饭也不能让孩子们吃上。想来想去,肖山与妻子商量,将两人多年的积蓄拿出来贴补到队里,要让孩子们把球踢好,至少得让她们把肚子吃饱。他的提议在吴小丽那里没有受到任何阻力,于是,夫妻俩多年的积蓄就源源不断地流进了足球队空虚已久的"小金库"。

事实上,不论肖山和妻子怎么精打细算,挖东墙补西墙,球队的伙食仍然只能维持在每天五元钱左右。五元钱可能只是一个城里孩子一顿早餐的钱,但却是一个准足球运动员整整一天的伙食费!一想起这点,肖山便止不住地心痛,他很清楚,莫说孩子们不可能长期用五元钱对付一天,而且即使按照这个标准,他和妻子那点积蓄也支撑不了几天。要想解决球队的吃饭问题,光节流不行,还得开源。

双休日的时候,肖山拉着妻子在学校周围四处查看,他盯上了几块附近有水源的荒地。他默默地用眼睛丈量着,打算着，正想得出神时，妻子一语道破了他的心思："老肖，你是想在这几块地上种菜吧？"肖山欣喜地拍拍妻子的手背："知我者莫若妻也！你看，这块地若是种上白菜，这块种上萝卜，还有这里……这里再种上一大片西红柿、辣椒，咱们队里基本上就不用去外面买菜了。还有，在这个角落，咱们搭个猪圈，再喂两头猪，春节时把猪杀了，不仅能吃上肉，就连一年的买肉钱也有了！你看怎么样？"吴小丽含泪笑着，连连点头。丈夫是个酷爱体育、酷爱足球的人，长到这么大，他就连自家的柴米油盐都没操心过，可现在，为了这支梦想中的球队，他竟肯放下身段，心甘情愿地为孩子们当"菜农"和"猪倌"，这需要多大的勇气和多么强烈的牺牲精神啊！

　　肖山开荒种地的要求得到了琼中中学的批准和支持，他高兴极了，买来种子，借来农具，每天训练结束后，就带着姑娘们扛着锄头去自留地里翻地、播种，每个土坷垃他们都细细敲碎，每一颗种子都小心地埋进土里舍不得浪费。肖山此时才真正体会到琼中女孩的吃苦耐劳，晚上训练完后，天都已经黑了，但女孩们仍然不愿休息，她们跑到菜地里，借着校园里微弱的路灯光，为刚刚发芽的小菜苗浇水、施肥……在肖山夫妇和姑娘们精心地侍弄下，菜地里的小苗很争气，很快便齐刷刷、绿油油地冒了出头，看着这些生机勃勃的小苗，肖山和队员们心里那份欣喜难以言表。

几个月后，他们洒下的汗水收获了丰硕的果实：嫩绿的豆角挂满了藤架，金黄的南瓜遍地笑开了花，鲜红的西红柿酸甜可口，密密麻麻的白菜怎么吃也吃不完……更可喜的是，他们春天抓来的两只小猪仔已经长到了一百多斤重，白胖胖、肥滚滚的煞是可爱。这些自给自足的菜地不仅给球队提供了丰富的食品供给，还给他们带来了那么多的快乐与希望。肖山和吴小丽最爱做的事，便是在没有训练任务的时候，跟女孩们一起来到菜地里，一边剪枝、除虫，一边大声谈笑。那美丽的田园风光令人心旷神怡，训练的紧张和疲惫也在汗水中烟消云散。而肖山与队员们的感情也在与日俱增，姑娘们都亲切地叫他"老爸"或"足球老爸"，吴小丽则被她们叫作"老妈"或"吴妈妈"。肖山结婚多年，年轻时因为忙于事业没顾上要孩子，后来他与妻子达成共识，这辈子也不打算再要孩子了。但是随着年龄增长，夫妻俩心底对孩子的渴望却与日俱增。现在，他们一下子多了20多个可爱又懂事的女儿，夫妇俩真是开心极了。平时，肖山对孩子们的偏心，甚至让吴小丽都有点儿嫉妒了。"这件衣服,穿在队员的身上一定很好看""这些零食给孩子们买回去尝尝,味道不错。"这些话是吴小丽拉着肖山逛街时,经常会听到的。只要听说哪个队员病了,就是半夜,肖山也会立马夺门奔去。可妻子吴小丽发烧了,肖山却忙着安排队员们训练,连句安慰的话也顾不上跟她说。当吴小丽抱怨丈夫不关心自己时,他却傻笑着说:"你是大人嘛,懂得照顾自己。"

肖山宣布:足球队就是一个大家庭,这个家庭中的每个成员都要互相关心、互相帮助。几乎每个月都有学员过生日,那天,"家"里的每个成员都要参加,大家一起为过生日的队员唱生日歌,送上生日祝福。

10月22日是守门员王小玲的生日。下午训练结束后,吴小丽就给大家带来了一只小小的生日蛋糕,她歉意地说:"老爸有事,让我把这个蛋糕送给小玲,祝她生日快乐!不过,这个蛋糕小了点,大家每人分一点好吗?"以往队员们过生日,队里根本没有能力买蛋糕,只是在吃饭时"以茶代酒""以汤代酒",用热烈的祝福代替没有蛋糕的遗憾,这次王小玲过生日,肖山老爸竟咬着牙给她买了一只蛋糕,这实在令姑娘们喜出望外。十几岁的女孩哪有不喜欢蛋糕的,大家围着那个直径不过六寸的蛋糕叽叽喳喳,商量着怎么分才好。但"寿星"王小玲却一直坐着没动,她若有所思地说:"老爸下午训练时,我发现他额头直冒汗,好像是病了。吴妈妈,老爸他到底怎么了?他要是不来,今天这个生日我们就不过了!"吴小丽为难了,肖山这几天一直在发低烧,但他为了不耽误训练,硬是咬牙忍着,今天下午训练结束后,他再也扛不住了,住进了医院,医生立刻为他挂上了吊瓶,还一个劲埋怨他为什么把病情拖得这么重了才来。因为怕孩子们担心,肖山对妻子千叮咛万嘱咐,一定不要把实情告诉她们,让孩子们过一个开开心心有蛋糕的生日……

见吴小丽迟疑着不肯开口,孩子们似乎猜到了什么,刚才欢乐的气氛顿时消失得无影无踪。"吴妈妈,我们要见老爸。""老爸不来,我们不过生日。"孩子们七嘴八舌,吴小丽万分无奈。正在这时,门被嘭的一声撞开了,孩子们的眼睛顿时瞪得溜圆:原来是肖山!他一脸憔悴,左手背上扎着针管,右手高高举着吊瓶,笑呵呵地对大家说:"孩子们,我来晚了。小玲,生日快乐!"原来,在医院输液的肖山,一直惦记着王小玲过生日的事,他很清楚地知道,孩子们没他,这个生日多半过不好,为了不让大家扫兴,肖山趁护士不注意,拿着吊瓶就向外跑。

短暂的惊愕过后,女孩们全都哭了。这些在球场上勇猛如虎的女孩围着、搂着她们的"足球老爸",一个个全都哭得鼻子红红的。此情此景,让吴小丽也不禁流下了感动的泪水。"过生日是高兴的事,哭什么?"肖山手忙脚乱,不知道该安慰哪一个。

王小玲最先止住了哭泣,她向伙伴们伸出手:"老爸对我们这么好,我们一定要好好踢球,不辜负老爸和老妈对我们的爱,同意的请拍手!"她的话音刚落,女孩们的手全都伸了过来,一只、两只、三只……所有人的手紧紧相握,大家齐喊:"琼中琼中,为国争光!"肖山搂着妻子的肩头,感动得说不出话来。

足球老爸的"爱"与"恨"

虽然在生活上肖山对队员们给予了无微不至的关爱,但在训练时,他却是出了名的"凶狠",不少队员都曾领教过他的"凶劲"。

针对琼中女孩的体质特点,肖山与老师谷中声一起设计了一套名叫"综合训练"的项目,这一项目包含了十多项训练内容,其中折返跑难度最大:30米冲刺,5个来回;

50米冲刺，5个来回；80米冲刺，5个来回；100米冲刺5个来回；接下来，单脚左右跳、前滚翻、胯部停球、蛙跳……而这所有的动作，全部都要在下午的两个多小时训练时间里完成。肖山知道，队里女孩身材相对瘦小，但是足球运动要有足够的对抗性和瞬间的爆发力。不厌其烦的蛙跳和折返跑就是训练女孩们的对抗性。

可这套训练的难度实在太大了，有的队员刚做一周就坚持不下去，有了退缩的想法。有的女孩思想开小差，以来例假为由跑去向"吴妈妈"请假。这时，肖山"可怕"的一面显露出来，他黑着脸把那些想开溜的女孩一个个拎到队伍前面，罚她们当场拿大顶。看着平时对她们呵护备至的教练突然间变得这么"凶狠"，女孩们都吓得不敢吭声。

肖山大声说："你们一定不理解我为什么这么做，告诉你们，搞竞技体育，成绩是个硬杠杠！虽然我们经历了那么多困难，但目前为止我们还没有出成绩。成绩从哪里来？就从一天天、一次次的训练中来！谁嫌辛苦，想离开的，现在就离开。不离开的就给我好好练！从今天起，你们做的每一个动作，我和你们一起做，谁也不许偷懒！"说完，他第一个跑了起来。

在肖山声色俱厉的批评下，女孩们终于认识到训练的重要性，再也没人敢偷懒，也没人敢找各种各样的借口请假了。有的队员实在累极了，感到自己就快撑不住，就躺在地上大哭。可是，她们哭完了又都会接着爬起来训练。

看到肖山对队员们这么"狠"，吴小丽看不过去了，她劝丈夫："老肖，我知道你压力大，但你不该把这些压力全部转嫁到孩子们身上，她们毕竟才十几岁，这么做对她们来说太残酷了。"肖山叹了口气说："你以为我想对她们狠吗？其实我比谁都心疼她们！可是你知不知道，琼中女足从成立到现在，一直背负着沉重的压力和质疑，直到昨天还有人说风凉话，说我们只吃饭不干活，说一个穷县连饭都吃不饱，搞什么足球……我们现在只有拿出成绩，才能堵住这些反对的声音，只有取得成绩，球队才会有更好的发展空间，这些孩子们才能有好前途！孩子们小，她们不一定能理解我，但你可千万要理解我啊！"一番话说得吴小丽心悦诚服，她点点头说："行，老肖，我支持你。但是，你一定要注意点分寸……"肖山没等妻子说完，便挥挥手："放心吧，我心里有数呢！"

话虽这么说，可严格到近乎残酷的训练，不但是对姑娘们体能极限的挑战，也是对她们心理极限的挑战。队员王亚莉是所有队员中个子最瘦小的,相对来说体能也最差,每次折返跑她总是完成得最差的一个,因此没少受肖山的批评。因为肖山曾经对队员们说过,最差的一名将会被淘汰。淘汰对她们来说意味着什么,每个人心里都清楚。时间一长,王亚莉开始变得悲观失望,认为自己肯定将是被淘汰的那一个,她的训练成绩变得越来越差。看到肖山越来越黑的脸,其他队员也为王亚莉捏着一把汗。

果然,在一天训练课上,王亚莉直到放学时间,也只完成了一半的任务,肖山急了,不由分说把她拉到队伍外边:"行了,你可以不用练了,收拾收拾东西回家吧!"长久以来累积在王亚莉心中的压力终于爆发了,她一边哭一边向外边跑。吴小丽看她的神情感觉不对,赶紧追了出去。没想到等她追到大门外,王亚莉已经不知去向。吴小丽想了一会儿,脸色突然变了,赶紧向镇子里一个鱼塘边跑去。

果然,当吴小丽赶到鱼塘边时,王亚莉一边抹着眼泪,一边准备往鱼塘里跳。吴小丽一个箭步冲上去,拦腰把她抱住。王亚莉个子虽小,韧性却很强,她不断激烈地挣扎,把吴小丽累得够呛,眼看就要抓不住她了,此时肖山意识到不对也赶到了,他的大手一把将王亚莉和妻子推到岸边。她俩跌坐在地上,王亚莉大口大口地喘着气,眼泪仍像断了线的珠子一样往下掉。

吴小丽瞪了丈夫一眼,轻轻搂住王亚莉的肩膀,柔声细语地对她说:"傻姑娘,有什么解不开的伤心事,给吴妈妈说吧!"王亚莉哇地哭了起来:"我怕……怕教练把我淘汰了!"肖山听了,半晌说不出话来。淘汰制,是他制定的铁的纪律,哪个队员体能不达标就必须淘汰,这是硬性规定,谁也不能例外。但通过这段时间的训练,他也发现淘汰制给队员们带来的负面情绪,很多队员反映训练强度太大,有时候练得"想死",他一直以为这只是孩子们发泄之语,没想到王亚莉今天的举动,却让他心里产生了很大的震动。

吴小丽好说歹说,才把王亚莉劝回了队里。那天晚上,夫妻俩就是否需要坚持淘汰制爆发了激烈的争论。吴小丽认为肖山做得太绝情了,一起同甘共苦这么久的孩子们,淘汰哪一个,别的队员心里都会不好受,这样下去队员的心理上会产生很大阴影,反而不利于取得好成绩。可肖山却认为,一支好的球队必须有铁一样过硬的素质,人情归人情,成绩归成绩,二者不能混为一谈。"只要打仗,就要有牺牲,都像你们这样婆婆妈妈,妇人之仁,怎么可能带出好队伍!"肖山以自己从前在俱乐部的带队经验为例,列举了一大堆因为手段不强硬,而导致队员整体素质疲软的例子。吴小丽不服气地说:"那些队员都是成年人,咱们的孩子才多大,平均年龄才十二三岁,她们从小又没见过什么世面,你这样会把她们吓坏的!"妻子的话不无道理,肖山陷入矛盾中。

最后,还是吴小丽想出了办法,她采取了折中的办法:一方面由肖山不折不扣地执行铁腕政策,另一方面由她担当起球队的"心理医生",及时关注和疏导孩子们可能出现的心理问题。为了当好这个"心理医生",吴小丽下了不少工夫,她买回大量关于青少年心理学的书籍,业余时间用心钻研。有了她的"保驾护航",肖山严格执行队规时也就放心多了。

看到肖山夫妇如此用心,队员们也渐渐理解了他们的苦心,她们明白:"老爸"和"老妈"这样做其实是为了她们好,只要刻苦训练,他们是舍不得让任何一个队员掉队的。有了这样的心态,姑娘们再次投入训练就更加玩命了。一早一晚训练,白天还要照常上课,身体的负荷很大,但她们没有一个人懈怠。看到她们这一股子劲头,肖山打心眼里喜欢这些孩子。

在魔鬼式的训练下,队员们的身体素质有了大幅度的提高,她们的腰身变得像铁板一样强壮,腿脚也格外有力量。队员王晓妮曾连续颠球1270个,至今保持着球队的最高纪录;12分钟跑,王薇超过了3100米,创下了不少成年男足队员都渴望的成绩。

琼中走出"铁姑娘"

作为一名资深教练,肖山深知球队除了进行艰苦卓绝的训练外,走出去打比赛也非常重要。只有经常与外面的球队接触、较量,才能获得更多的比赛经验,技术也提高得更快。然而出去比赛是要花钱的,这么多队员衣、食、住、行算下来不是一笔小数字。没办法,为了让球队有更多的比赛机会,肖山只好挖空心思"化缘"。

一些本地的男子足球队听说琼中中学有个女子足球队,就找上门想来较量一番。肖山趁机"厚着脸皮"提出要求:"比赛可以,但你们要负责给我们的姑娘买水喝,而且比赛完要给她们每人买一双球鞋!"球鞋,对于别的足球队来说是一件小得不能再小的事,但对肖山和他的队伍来说,则是天大的事。

踢足球本来就费鞋,何况因为经济条件所限,肖山不可能给孩子们买又昂贵又结实的鞋子。一双崭新的球鞋,踢过几场球后就开口了。为了凑齐买新鞋的钱,队员们每场比赛喝过水的瓶子都舍不得扔,甚至还把对方球队喝水的空瓶子也捡起来,这些瓶子当废品卖掉可以换来一点钱,积攒多了也用于买球鞋。

新鞋毕竟有限,队员们只能把旧鞋补了又补,队长王丽莉还因此练出了一手补鞋的"好手艺",队友们经常开口求她帮自己补鞋。但是鞋子能补的次数毕竟是有限的,有的姑娘球鞋都被补成了布鞋,最终只能恋恋不舍地扔掉。

有时,这个队员的右脚还能穿,那个队员的左脚还能将就,就又凑成一双。但是,这样的鞋往往大小不一,穿在一个人脚上,不是这只脚大,就是那只脚小。鞋大了在跑动中容易受伤,鞋小则更难受,每跑一步脚趾都憋得生疼。有一次,队员陈欣就穿着这样一双"阴阳鞋"与本地的另一支球队打比赛。陈欣的奔跑能力特别强,只见她像一只灵巧的小鹿在场上左冲右突,眼看把对手渐渐拖得筋疲力尽,场边的观众们兴奋地呼叫起来。但就在此时,陈欣的脚下一滑,肖山听到咯嚓一声响,他心里说坏了!果然,陈欣重重地摔倒在地,半天都没能爬起来。

充当队医的吴小丽赶紧上前将陈欣扶下场,这才发现她的左脚踝又红又肿。原来，陈欣的脚是 37 码的，但由于自己的鞋已经烂得不能穿，她只好将队友一双 39 码的左鞋套上将就。为了防止滑脱，她还在鞋里垫了些布条。没想到因为跑动太剧烈，那些布条竟然从鞋里掉了出来，她一下子没站稳，脚被崴了。

陈欣的脚伤足足养了一个多星期才好，但对于足球运动员来说，最怕的就是习惯性扭伤。肖山明白，陈欣的伤势如果再重一点，很可能断送了她这辈子的足球生涯！肖山心疼极了，一支球队穷到连球鞋都穿不起，这叫别的球队和教练是想都不敢想的事！同时，他也痛下决心，一定要让这支球队早出成绩，让姑娘们摆脱吃不饱饭、穿不起鞋的困境！

训练，训练，还是训练……肖山咬着牙，用铁一般顽强的意志，每天在训练场上摸爬滚打。他相信：天将降大任于斯人也，必先苦其心志、劳其筋骨、饿其体肤……

肖山和孩子们持之以恒的训练，终于换来了越来越多的关注和认可。2008 年 9 月，球队受黑龙江一支青少年足球队的邀请，去哈尔滨打比赛。这是个宝贵的观摩和积累经验的机会，肖山当然很想去，但从海南到哈尔滨有几千公里，路费实在太贵了，再加上一路上吃住等花销，这笔钱对当时的球队来说，简直就是天文数字。但是把对方请到海南来也不现实，究竟该怎么办呢？肖山的眉头拧成了疙瘩。就在这时，天上掉下来一块大"馅饼"：琼中财政局长罗宁波给足球队送来了机票钱和部分生活费用。

这究竟是怎么回事呢？原来，事情还要从半年前说起。罗局长每周回县里看望父母，都要路过琼中中学，每次都看到肖山带着姑娘们刻苦训练。不论寒暑，没有一次间断过。有一次，天上下起了暴雨，他想今天肯定不会有人训练了，可当他路过操场时，顿时惊呆了：那群顽强的姑娘们，居然冒着大雨，在教练的带领下，依然在坚持训练！雨水，从孩子们的脸上、身上流下来，操场上泥泞不堪，不大一会儿，队员们身上、头上就全部裹满了泥浆，可她们却仿佛把一切置之度外，在暴雨中仍不停奔跑、跳跃……罗局长的眼睛湿润了。

在此之后的整整半年，他一直在观察这支球队。他越来越发现，这是一支特别的队伍，孩子们表现出的与年龄不相称的坚韧与顽强，足以让人心灵震颤。在一次机关干部会上，他讲了琼中女足这件事，他动情地说："这是一支能办实事的队伍，作为琼中人，我们不支持他们支持谁！"当了解到球队因为缺少经费而难以外出比赛时，罗局长在单位发起倡议，机关干部们纷纷慷慨解囊，终于凑够了球队去哈尔滨比赛的路费和部分生活费。

那次的比赛，姑娘们表现得格外勇敢，终于不负众望捧得奖杯归来。随着比赛机会的增加，"琼中女足"的名字越来越响亮，在行内渐渐有了名气。国内的女足圈子里，琼中女足博得了"个个拼命三郎"的名号：10号队长王丽莉，司职中场后腰，是球队进攻防守的枢纽，又攻又守，有着全场"跑不死"的体能；8号前锋陈欣，一个说话声音细细、有点腼腆的小姑娘，一旦登场参加比赛，在前场的跑位接球，身形就像"灵猫"一般灵活，一场下来十多次冲刺，直冲得防守她的后卫难以招架；踢防守型后腰的6号何欣云，场下看起来文静可人，上场比赛时，倒地飞铲、大脚破坏、全场飞奔、面色刚毅、大声喊叫，强悍的场上风格和场下的她，简直判若两人。

"你们不要再跑了，我们都要跑死了。"在2011年全国中学生运动会女足项目比赛时，对方球员用近乎哀求的语调，"提醒"10号队长王丽莉"脚下留情"。也是在这次比赛中，拖着之前一场右脚脚踝骨折的伤腿，王玺燕在和内蒙古队的比赛中坚持替补登场踢了75分钟，直到最后击败对手进入前八。下场的时候，王玺燕的脚踝肿得像馒头一样,袜子都褪不下来。

  王玺燕替补的是王薇。比赛刚开场不久,王薇一个挑球过人后摔倒在地,坚持了一会儿被换下场,当确诊她左膝十字韧带撕裂,半月板损伤时,队医惊讶了:"带着这么重的伤,居然还能坚持那么久,这姑娘简直是铁打的!"

  肖山带出了一群"铁姑娘"!这些"铁姑娘"只要一上赛场,便个个变成了猛虎一般,争着上、拼命冲,没人叫苦,也没人退缩,那顽强的意志和"凶狠"的打法令对手胆寒。

  很快,走出琼中的"铁姑娘"体现出了强大的战斗力:2009年,琼中女足夺得全国青少年女子足球第三名;2010年,又夺得该项比赛的第四名。一般球队要取得同样的成绩,至少需要五年,可是肖山用三年便做到了。从那时起,琼中女足便奠定了在全国女子足球中的前五地位。全国球迷和专业的足球评论员、体育媒体都把眼光放在了这个曾经名不见经传的无名球队身上,全国数家报纸对他们进行了报道,称这支球队是"未来最有希望的女子足球队"。

  成绩有了,肖山一直渴望的被"正名"、被重视,终于演变成现实。许多单位和个人看好这支球队,纷纷为他们提供赞助,孩子们终于能穿上不露脚趾头的球鞋了,尽管他们到现在仍然没有正式的队服，但肖山相信，在不久的将来，面包会有的，牛奶会有的，一切都会有的！每收到一笔赞助，肖山总是会召集孩子们一起开会，给她们说清楚这笔钱是谁捐的，用来做什么的，他总是郑重地对姑娘们说："我们琼中女足吃的是百家饭、穿的是百家衣，所以我们最重要的事情便是感恩，时时刻刻不能忘记给我们提供帮助的那些好心人！"队员们认真地听着，在心底深深刻下了"感恩"二字。

　　尽管琼中女足渐渐走上了快速发展的正轨，然而肖山心里却有一丝抹不去的伤感。在这几年里，他陆续发展了第二批、第三批学员，她们当中也涌现出不少有前途的好苗子，但最初与他一起创业的24个女孩中，陆续有9名队员迫于家长的压力，回到大山里，结婚成家去了。肖山深深记得，每当有一个姑娘离开，队员们便会经历一场仿佛生离死别般的痛苦。离开的女孩抱着姐妹们，死死不肯撒手，而留下的姑娘则痛哭失声。在那之后的好几天，队员们的状态都很难恢复。肖山明白，这不仅仅是对离去姐妹的留恋，更是一种兔死狐悲的迷茫。因此，他无数次咬着牙在心里对自己发狠：肖山，每失去一个姑娘，就是你的失职！你要努力，再努力！把琼中女足打造成一块金光闪闪的招牌，让每个队员都能有好归宿、好前途！

铿锵玫瑰迎风绽放

2010年10月，令肖山欣喜的事终于到来了：队员陈欣、王丽莉因成绩突出，被选入中青队集训。得知这个消息，肖山高兴得像个孩子。他召集队员们为陈欣和王丽莉举行了简朴而热闹的欢送会。同样是离别，但这次的离别却写满了欢乐。肖山举起酒杯，难以抑制满怀的激动与自豪："孩子们，你们到中青队后，一定要听教练的话好好训练。老爸年轻时没有实现的目标，你们替我实现了，老爸为你们感到高兴，你们太棒了……"平时训练中，肖山从不轻易夸奖队员，而今天他却尽情释放着各种赞美之词。看着丈夫激动的神情，吴小丽悄悄地抹起了眼泪。按照肖山的技术水平，如果不受伤，他或许现在已经是一名优秀的球星，但命运弄人，他不得不在风华正茂的年龄黯然退出赛场，这件事成了他心中永远的痛。而现在，他带出来的队员延续了他未完成的梦想，这让他怎么能不激动、不幸福！

陈欣和王丽莉入选国家队后，其他的队员明显受到了鼓舞，大家训练的劲头更足了。肖山也不断给她们打气："孩子们，你们的前途就掌握在自己手中，要相信风雨过后一定有彩虹！"肖山说得没错，姑娘们的努力真的换来了丰硕的成果：2011年9月，根据海南师范大学的体育招生政策，琼中女足首批主力队员陈欣、王丽莉、王晓妮、高禹萱、陈巧翠、伍子璇6个人，在通过了文化课考试之后，被该所大学录取为四年制本科生。

学生们的录取通知书从大学校园飞往她们各自的家中，在女孩们的家乡掀起了轩然大波。当拿到录取通知书的那一刻，她们的父母简直不敢相信自己的眼睛。而她们在村里已经嫁人生子的同龄女孩，更是对她们的好运气羡慕不已。琼中女孩，本来是苦难人生的代名词，但现在却被足球改写了，这太让人意外了。按照村里的风俗，孩子考上大学是要办酒席的，可好几个队员的家长却迟疑着不敢相信这是真的。他们反复给肖山打电话："肖老师啊，你告诉我这个酒席办不办得啊？这件事不会是假的吧？"肖山哈哈大笑，他爽朗地告诉那些家长："办！怎么不能办？不但要办，而且要大胆地办，大张旗鼓地办！放心吧，你的女儿考上大学是真的！"得到他的承诺后，家长们这才欢天喜地地张罗酒席去了。

对海南师范大学来说，肖山为他们培养的这一批优秀学生，也是难得的财富。开学典礼那天，海师大的林北平书记亲自为这几名学生颁发了荣誉证书，同时领到荣誉证书的，还有她们的恩师肖山。林书记紧紧握着肖山的手说："谢谢你！肖教练，感谢你为我们学校输送了这么多，这么优秀的人才！"更让肖山意外的是，有几名已经离开球队的队员们也来到了颁奖现场，她们与"老爸"动情地拥抱在一起，难舍难分，那份浓浓的情感令在场的所有人都流下了激动的泪水……

继陈欣和王丽莉等人之后，在2012年9月，王玺燕、王薇、周亚利、王小玲、林娜、王亚哎等6人也再接再厉，成为海南师范大学体育学院的2012级的新生。

走入大学校园，姑娘们的眼界顿时开阔了，她们不再是当初那个只为了"吃饭不要钱""有鞋穿"才来踢足球的女孩，大学生活增强了她们的自信，也让理想的风帆随风起航。

陈巧翠是第一批考上海师大的学生，这个姑娘平时不怎么爱说话，但肖山发现她内心很有想法，尤其是踢球肯动脑筋。要知道对足球运动员来说，有过人的体能不容易，但有过人的头脑更不容易。所以足球界有一句话"一流球员用脑踢球,二流球员用脚踢球",而陈巧翠正属于"用脑踢球"的难得人才。所以,平时肖山对她欣赏有加,有时她还会与老爸商讨新的战术。大二这一年,陈巧翠有一次对老爸说了她自己的新想法:大学毕业后,她准备继续报考和攻读体育足球专业的研究生,如果有可能的话,以后她还想去国外学习,她想研究如何让运动员的训练方法更科学……陈巧翠远大的志向令肖山大为赞同,他像对待男孩子一样拍着她的肩膀夸奖:"巧翠,好样的!"

身高1.74米的林娜身材苗条,外形靓丽,在广州等地比赛时,好几次走在街上被模特星探看中并找上门来。星探们许诺:只要林娜愿意,他们愿意训练她成为T台上的明星,不要多久,就会赚到大把大把的钞票,还能天天穿漂亮的时装,出入高级会所,在大城市买别墅、开豪车……他们认为,这些条件足以让来自穷乡僻壤的这个漂亮姑娘动心。没想到林娜竟统统拒绝了。星探们不解:"难道你真愿意一辈子穿着臭球鞋,像个男人一样在赛场上累得半死吗?""你天生这么漂亮的外形,为什么不趁青春把一辈子的钱都赚了?"林娜摇摇头:"我只想当足球教练,希望有一天回去帮老爸带球队。如果将来自己所教的球员踢出成绩,我会特别有成就感。"星探们纷纷失望而归。林娜却笑了，他们怎能理解自己和老爸以及队员姐妹们对足球的深深眷恋？

　　林娜的坚持让肖山觉得无比欣慰，然而更让他欣慰的是，随着眼界的开阔，队员们心里还有了报效祖国、报效亲人的萌芽。队员陈欣去日本参加集训，一些日本女球员看不起中国球员，经常对她们有挑衅之举。陈欣被激怒了，她提出与对方比赛，就比基本功：颠球。对方球员一口气颠了1000个，然后得意洋洋地看着陈欣。她们哪里知道，陈欣可是在肖山的"魔鬼训练"中锻炼出来的，她轻松地颠着，左一个、右一个，甚至穿插了花式动作，颠到1200个时，她轻松收住，然后问："怎么样，还来不来？"那个球员的脸顿时红了，再见到陈欣时态度变得毕恭毕敬。陈欣回来后，把这件事告诉了肖山和队友们。肖山称赞她做得好，陈欣说："我是代表中国，代表琼中女足去的，我不能给中国人丢脸！"

　　看着这些女孩们像竹笋一样拔节成长，回想起当初与她们一起度过的艰苦岁月，肖山总是不由自主就沉入了对往事的回忆中：他想起女孩们初入球队时那纯净却空洞的眼神，想起她们不知足球为何物的幼稚提问，想起吃不饱饭的那种钻心的饥饿与恐慌，想起她们露出脚趾的烂球鞋，这个七尺男儿常常不由自主地泪湿衣襟。然而，想到孩子们跟他一起，第一次坐火车、坐飞机，第一次逛北京、游上海，想到她们的眼睛里渐渐有了丰富的"内容"，而今又如此自信而聪慧，笑容又会不由自主地浮上他的嘴角。他对妻子说："这辈子我就待在琼中，这件事就这么定了！"他说到做到，真的把自己的家安在了海南琼中，他要用这种方式，将自己与琼中女孩、与足球紧紧地联系在一起。

肖山与琼中女足的事迹经过报道后，引起了媒体广泛的关注，不仅海南本地多家报纸争相采访和刊登了肖山与琼中女足的新闻，2012年6月，中央电视台新闻频道《东方时空》栏目还分两集播出了海南琼中女足的专题新闻。

琼中女足能有今天的成绩，肖山也深知，离不开琼中县委县政府的大力支持，离不开全省人民的精心呵护。从当时任县委书记的董宪曾，到继任县委书记傅信平，都对琼中女足倾注了心血。建队之初，县领导甚至自掏腰包，为球队购买了足球、护腿板、足球袜等用品，还为球队订阅了足球专业报纸和杂志。2007年底，时任省长的罗保铭特批20万元专款用于琼中女足训练、比赛和基础设施建设……

琼中是个穷县，各方面财政开支都很困难，所以肖山更加能体会到,各级领导对琼中女足的支持有多么难得。正是由于他们的支持,琼中女足才挺过了最困难的时期。不论在任何时候、任何场合,肖山都会由衷地说:"琼中女足的成绩属于琼中县,也属于海南人民。"

2012年9月,中央电视台、光明日报社联合举办的2012"寻找最美乡村教师"大型公益活动评选揭晓,肖山荣膺全国十大"最美乡村教师"称号。好消息传到琼中县,整个县城一片欢腾。琼中县政府奖励了琼中女足团队10万元,奖励肖山个人3万元,省工商联也为琼中女足捐助了15万元。

肖山带领琼中女足艰苦创业的故事传开后,人们深深地被这个不为金钱名利所动,一心扑在足球事业上的汉子感动着。深圳旭生骏鹏建筑工程有限公司海南分公司总经理孙彦生和海南百源高科技有限公司负责人谢百雄带着礼物来到学校。孙彦生说,他通过媒体了解到琼中女足的故事后,勾起了对自己当年艰难创业的回忆,更被肖山和球队的精神所感动。

2012年的中秋节,肖山正打算给孩子们买点月饼过节。往年由于经费困难,肖山给孩子们买的都是那种最简单的纸包的筒装月饼,每人发一个。可就那么一个月饼,都能让孩子们高兴好几天,有的孩子舍不得吃,中秋节那天吃了一半后,又把剩下的一半精心地包起来,过几天再拿出来慢慢吃。

让肖山意想不到的是,9月26日,琼中县县长王琼龙和副县长韦求香带着月饼和水果来学校看望大家了。当精美的饼盒被打开,孩子们都情不自禁"哇"地叫了起来。她们长这么大,从没见过这么漂亮的月饼,那焦黄的酥皮、喷香的气味让孩子们馋涎欲滴。韦副县长看着孩子们跃跃欲试却又不好意思下手的样子,不由得笑了。她主动把月饼分发给大家:"孩子们,快吃吧!吃完了还有呢!"队员们看看肖山,"老爸"微笑着点了点头,大家这才兴高采烈地接过她手里的月饼,津津有味地吃了起来。

看着孩子们幸福的样子,肖山的心中有无限感慨。今年7月初,琼中女足又招进了一批新球员,她们大多是"零零后"。肖山看着她们稚嫩倔强的面孔,一如6年前的陈欣、王丽莉们。带着这些"小不点儿"训练的,是林娜、王小玲、周亚利、何欣云等几个第一批主力队员。守在场边不时招呼训练的肖山,虽然已经两鬓斑白,嗓门依然响亮。在他的眼里,这帮孩子就是海南足球的火种,也是开启琼中女孩梦想之旅的先驱者。有了她们,海南足球总有一天会腾飞,中国足球也会冲向世界!

熟悉的歌声在训练场上响起,那是琼中女足队员们最爱的一首歌:"风雨彩虹,铿锵玫瑰,纵横四海笑傲天涯永不后退……"

密林深处白马来，"砍山老师"37载的美丽情怀

——记贵州省遵义市金红花岗区金鼎山镇扇子林教学点教师徐德光

贵州省遵义市金鼎山镇大山深处的一条蜿蜒山路上，每天都能看到一位骑着白马的汉子日出上山、日落下山，数十年来回往返从不间断。他就是金鼎山镇扇子林小学校长徐德光，当地群众把他称为"马背上的校长"。

没有人比他更清楚这个教学点是如何诞生的：没有路，

他用双手在荆棘丛中为孩子们砍出一条路；没有教室，他用一匹白马驮回几万块砖头和数十吨水泥……37年来，他坚守在深山密林里，用艰辛的劳动托起了孩子们的希望，用美丽的情怀感染了一代又一代人。他的身影深深烙在每一位山民的心里，人们永远记住了这个骑着白马的"砍山老师"。

少年梦想扎根深山

1975年8月的一天，酷暑难耐，一个少年匆匆行走在贵州遵义红花岗一条崎岖的山路上。他身材瘦小，眉清目秀，尽管汗水已经将他的衣服湿透，可他的脚步却丝毫没有停顿。他叫徐德光，那年刚满18岁。

徐德光出生于遵义山区，他从小成绩优秀，在那个困难年代，能读完小学、初中，还能考上当地最好的高中，就意味着成了方圆几十公里最有文化的人，也意味着能胜任村里的会计、文书等令人羡慕的工作。徐德光正是如此，平时他被村里人称为"秀才"，谁家需要写封信、写副春联什么的都来找他，而他也从不推辞。如果不是老校长的一次来访，徐德光的人生可能会走上另一条更顺畅的道路：

在村里当文书、提干、一级一级当公务员，以他的水平，官至一方大员也不是不可能。然而就连他自己也没有想到，一个看似随意的"玩笑"，让他从此肩负起了一项沉甸甸的使命。

徐德光记得很清楚，1975年的夏天，他正帮家里干完农活，走在回家的路上，恰好巧遇了他小学时的老校长。老校长见到自己当年的得意门生，喜得眉毛眼睛里都是笑。当年徐德光在学校里是一等一的好学生，聪明、好学、懂礼貌，令老校长这么多年都印象深刻。两人寒暄几句，徐德光便问到自己就读的扇子林小学现状如何。说到这个问题，老校长的眉毛拧成了疙瘩："唉，别提了，学校搞不好要取消，这方圆几十公里的娃娃都要没书读喽！"徐德光听了一惊，急忙追问到底是怎么回事。

原来，扇子林小学实际上只是个教学点，由于地处金鼎山镇大板水原始森林深处，这里海拔1500多米，是苗汉杂居地区，自然气候十分恶劣不说，交通也不方便，物产更不丰饶。包括周边汇川区高坪镇和红花岗区海龙镇在内，一共只有40多户，人口不过200多人。政府曾多次动员山民移居山下，但他们世代生活在这里，由于传统观念的影响，就是不愿意离开祖居，因此对移居十分抗拒，甚至有不少人家迁而复返。从60年代初,当地政府考虑到适龄儿童入学困难,在扇子林设立了一个教学点,徐德光的小学时代便是在这里度过的。他记得当时学校除老校长外,还有好几名老师,但老校长告诉他,他离开学校后,其他几名老师因为嫌条件太艰苦,都陆续离开了,只留下老校长一人苦苦支撑至今。"我如今年纪大了,也越来越吃不消,所以如果没有人来接手,下个学期这个教学点恐怕就只能取消了。"老校长的话语像一记记重锤敲在徐德光的心上。他很清楚,这个简陋的教学点不仅给他的童年带来了美好的回忆和丰富多彩的知识,更是方圆几十公里孩子们唯一汲取知识营养的地方。一旦取消,就意味着此后的孩子们面临无书可读、终身当文盲的厄运!

看到徐德光陷入沉思中,老校长打量了他一会儿,突然半开玩笑地说:"德光,要不你这个'秀才'把我手里的'接力棒'接下来?"虽是玩笑话,但徐德光却听得出话里的认真与希望。但他犹豫了:他才18岁,自己都是个孩子,他稚嫩的肩膀能否承担起这副重担?老校长看出他有顾虑,善解人意的他没有勉强,只是拍拍徐德光的肩膀说:"德光,你自己考虑一下吧,想好了来找我。但我得跟你说清楚啊,过来只能当民办老师,还得干活挣工分,一个月工资只有 9 块钱。"

　　与老校长告别后,徐德光揣着满腹心事回到家。他把今天在路上遇到老校长的事告诉了父母,并征求他们的意见。他的父母都是老实巴交的农民,知书识字的儿子是他们最大的骄傲,而今听说老校长有意让儿子承办扇子林的教学点,两位老人却各有各的意见。父亲说:"德光,你愿意去当老师,我们没意见,但是咱们家到学校也要走好几公里山路,那路又不好走,天长日久的,你自己要想好啊!"母亲忧心忡忡地说:"当民办老师还得在队里干活,工资才 9 块钱,妈觉得不如留在队里当文书。"父亲和母亲的话都不无道理,但徐德光心里却有自己的主意。

　　在回家的路上,他就把这件事前前后后仔细想过,给自己出了一道"算术题":如果撒手不管,这个教学点最迟明年肯定被取消,附近的娃娃至少五年内无书可读;但如果接下这件事,就能与老校长做到"无缝对接",多一个娃娃读书,说不定就会多出一个未来的科学家、企业家……这道题的答案,显而易见。因此,即使面对父母的反对和质疑,这件事他也打定主意要去做。

　　当徐德光出现在老校长的家门口时,老人激动极了。他握着徐德光的手说:"德光,好孩子!我没看错你,太好了,咱们的娃娃有书读了……"经过向上级教育部门申请,徐德光顺理成章地接管了扇子林教学点的所有工作,成了史上最年轻的"校长"。

老校长领着徐德光来到学校,同多年前一样,这里仍然是由生产队的保管室改建的三间土房,所有的"财产"便是一盒粉笔、一支教鞭,而徐德光接手这一届的学生,只有七个人,按照年龄划分为一到三年级,平均一个"年级"不过两三个人。老校长带着歉意说:"德光,学校条件就这个样子,以后就看你的了。"徐德光点点头,满怀信心地说:"老校长,您放心吧,我年轻,有信心把学校办好!"

话虽如此,徐德光心里却很清楚他接下的是个什么样的烂摊子:这三间被充作教室的"房子"充其量只能算是泥巴糊成的"盒子","盒子"只有两米高,周围没有窗户,只是房顶上有几块巴掌大的通气孔。每到下雨,屋顶和屋外都向里灌水,"教室"里很快会便会积起几厘米深的水,孩子们只能光着脚泡在水里上课。而在籍的七个孩子,家都住在几十里外的山沟里,第一天上课,徐德光一看,才来了三个学生。

对一所学校来说,最重要的就是生源,徐德光新"官"上任的第一把火,便是抓生源。他按照花名册上登记的地址,挨家挨户进行家访。这一访不打紧,村民们的回答让他啼笑皆非:有的说家里的牛生病了需要人照管,有的说天气太坏不想让娃娃冻坏,有的甚至说在家玩几天再去上课也不迟……徐德光磨破了嘴皮,家长们仍然不肯送孩子来上学。甚至有的家长对年轻的徐德光产生了疑虑:这么年轻的"校长",能管好我们的娃吗?

为了吸引孩子们来上学,徐德光使出了浑身解数。给家长讲道理不通,他就从孩子身上下工夫。他再次家访时带去了有趣的图书,或者给孩子讲起了故事。那些图画书一下子便吸引了孩子的目光,他讲的故事也让孩子听得津津有味,但当孩子正看得、听得带劲时,他却戛然而止,起身告辞,这下孩子们不干了,缠着爸爸妈妈一定要去学校上学。这一招真灵,没过几天,不但在籍的七个孩子全部来报到了,还多收了三个新生。

这是徐德光教师生涯中的第一批学生,因此他教得格外用心。但毕竟初出茅庐,他对复式教学法掌握得还不太熟悉,虽然学生少,可上课的内容仍然一板一眼,马虎不得。所以每到上课时间,他就在三间教室间跑来跑去,一会儿让这个班的学生读课文,一会儿让那个班的学生练生字。有时候时间没掌握好,在同一时段三个班的孩子全都完成了学习任务,小家伙们见老师没来,竟在教室里吵闹起来。徐德光按下葫芦浮起瓢,弄得手忙脚乱不可开交。但渐渐地,他学会了精确安排几个班级的上课节奏,不同的班级之间再也没有"打架"的现象发生。徐德光上课的时候,老校长偶尔也来学校看一看,见他很快就能将几个班的课程安排得井井有条,老校长不禁感叹:"德光,你是个天生的教师!"得到老校长的肯定,徐德光高兴地笑了。

现代愚公:双手砍出求学路

很快,徐德光在扇子林教学点工作就快满一个学期,但是一道难题一直困扰着他:扇子林处于深山之巅,山上山下温差很大。当山下烈日当空时,山上却终日云雾缭绕,日照时间太短使得山顶气候异常寒冷。夏天时尚算风凉,但每逢寒冬腊月,山上的寒气逼人,让人难以忍受。从徐德光家到学校有两条路,便距离相差不大,大约都是七八公里,而且全部是山路,每天往返需要五个小时。而学生们的家也散落在各个山坳里,与他的情况大致相当,就是离学校最近的学生往返至少也需要三个小时。然而最令人苦恼的不是路途的遥远,而是山中的湿寒空气。为了早上九点前能到校，许多孩子不得不从清晨七点左右就开始从家里出发，一路上荆棘密布，拂枝穿叶，等孩子们到学校时，全身都被湿冷的露水打湿，他们坐在教室里冷得直发抖。孩子们的手、脸甚至衣服还常常被树枝与荆棘划伤、划破，大部分学生包括徐德光自己都经常感冒，为此徐德光干脆随身携带感冒药和红霉素软膏。

徐德光每次看到孩子们冻得直哆嗦的样子和他们被划得鲜血淋淋的伤口，总是无比心痛。为了降低孩子们生病的几率，徐德光每天放学后都最晚一个走，到后山上砍来柴火，第二天清早又最早来到学校，在教室里生起火堆，让孩子们能暖和一点。

但是，生火、治病都不能解决根本问题，徐德光一直在思索着如何让孩子们上学的路变得不那么艰辛。他很清楚，如果能有一条上学捷径，不仅能稳定住当下的生源，对今后教学点的招生工作也更有好处。然而，他只有一个人，一双手，除此之外一无所有，这条路究竟该怎么修？看着自己年轻而有力的双手，徐德光脑子里突然冒出一个大胆的想法：就靠这双手，用它们为学生们"砍"出一条求学路！

徐德光的这个想法不可谓不大胆，深山老林里布满虬枝老树，砍下去震得人虎口生疼，而且这条路按照他的设计，至少有五公里长，他的计划仿佛蚍蜉撼大树般让人不敢仔细想。但他没有多想，而是马上着手实施了。从那天起，他每天放学后都独自留在学校，用镰刀一刀一刀地砍掉学校门口密密麻麻的荆棘和碗口粗的树枝，砍下来的枝叶再运回教室当柴火，给孩子们取暖用。

起初，徐德光的父母还不知道儿子这个吓人的"宏伟计划"，母亲只是纳闷，爱好整洁的儿子最近一段时间衣服总是脏污不堪，上面还时常有被树枝挂的破洞，而他那双只拿过粉笔和教鞭的手，总是打满了血泡。每天晚上，母亲为他挑破血泡，再敷上草药，他疼得直皱眉头却不吭一声。母亲最终忍不住了，问他："儿子，你告诉妈，你上课咋把自己弄成这样了？"徐德光拗不过母亲，最终吐露了实情。母亲听了吓了一大跳："天！就凭你一个人，能把个山给砍了？儿子啊，你可真是异想天开啊！"父亲得知后，也连连劝他放弃这个不切实际的想法。父亲痛心地说："德光，你是不是读书读傻了？遇山劈山，那可是愚公干的事，那愚公最后还不是神仙帮助他，才把山搬走？就你一个白面书生，怎么可能办这么大一件事？你听爸的话，赶紧给我停下！"然而平时一向温和的徐德光此时却像犟牛般倔，怎么也不肯松口:"不行,我是校长,为了留住学生,这条路必须有!"见儿子口气坚决,父亲不禁叹了口气。

第二天放学后,徐德光惊讶地发现,父亲和母亲不知何时来到了他的"工地",他们佝偻着身子,挥舞着镰刀,一下又一下,帮他完成他的梦想。徐德光突然感到自己很想哭,年迈的父母这是用行动在无声地支持他啊!在父亲和母亲的帮助下,徐德光的"求学路"延伸速度明显加快,这也让他的心情更加急切。

然而,随着这条路离学校越来越远,往回运柴草的工作量也越来越大。最后,徐德光父子俩只好商量,他们两人继续"砍山",由母亲把砍下来的树枝一捆捆背回学校。为了能少来回几趟,母亲每次都尽量多背一些,她瘦小的身躯被庞大的树捆压得弯成一张弓,徐德光看着母亲弯曲的背影就那样一步一步艰难地蹒跚在山路上,感到心都提到了嗓子眼。

终于有一天,母亲走了之后很久都没有回来,徐德光意识到不对劲,他立刻丢下镰刀往母亲走的方向追去。果然,由于体力透支,本来就患有低血糖的母亲竟晕倒在路上,她的头部重重地磕在一块石头上,若不是徐德光及时赶到,后果不堪设想。

徐德光急匆匆将母亲背到乡卫生院，医生们给她挂了葡萄糖后，母亲才悠悠地醒转过来。徐德光哭着握着母亲的手，无法用言语表达对家人的歉意。儿子的情感，母亲都读懂了，她轻轻拍着儿子的手背说："德光，你做的是功德无量的大好事，天上的菩萨也会保佑你，保佑妈的……"徐德光含着眼泪重重地点了点头。

母亲病好后，全家人又继续投入了"砍山"的壮举之中。村民们得知后，感到惊讶又佩服，他们也纷纷加入了"砍山"的队伍，徐德光欣喜地看到，这条梦想中的"求学路"以前所未有的速度向前延伸、延伸，美好的前景似乎就在向他招手。然而就在此时，意外发生了。

一天，徐德光正在挥舞镰刀砍一株拦路的老藤，这根老藤起码有几十年的树龄，异常粗壮，但徐德光察看地形后，发现无法绕开它，于是他用左手握住藤条，右手高高举起镰刀，用力砍了下去……突然，他只觉得手上一热，一股鲜血从他的左手拇指上喷涌而出，将他的衣服前襟全部溅湿了。旁边一个村民惊叫起来："徐老师，你砍到手了！"徐德光被村民们紧急送往乡卫生所，医生经过紧急包扎后，摇着头说："已经伤到了骨头，我们这里处理不了，赶紧送县医院吧！"十指连心，在赶往县医院的途中，徐德光才感到左手钻心的疼痛，豆大的汗珠从他额头上一滴一滴落下来。母亲陪伴在他身边，已经哭得说不出话来。

由于山路崎岖，赶往县医院用了整整八个小时，已经错过了最佳治疗时间，徐德光的手指虽然被接上，但最终没能完全恢复功能，落下了终身残疾。而当他出院时，他却由衷地感到高兴：因为他亲手"砍"出的那条路已经全部完工，从此后，孩子们只需要走到各自的村口，便可沿着这条没有荆棘的路走向学校。与原来的路相比，这条路不仅直线距离缩短了三公里，最重要的是路旁不再有浓密的树枝和荆条，孩子们每天到校，身上的衣服都是干干的。

有了这条路，孩子们感冒的频率大大下降，上学的路途也不再那么让人畏惧了。虽然徐德光的左手拇指永远失去了弯曲的功能，而且每到阴天还隐隐作痛，但他却认为用一根拇指换来孩子们上学的坦途，非常值！

这条路修好后，徐德光"砍山老师"的美名不胫而走，每当提起这条路，村民们总是忍不住流下热泪。他们终于认识到，这位年轻的校长是在用心、用生命呵护着他们的孩子。从那以后，徐德光劝学的难度明显降低了，绝大多数村民们对他有了充分的信任，放心地把孩子交给他，扇子林教学点的生源逐步增加,从原来的 7 名学生一下子增加到 20 多名。学校热闹了,孩子们的笑声和读书声让这个本来冷清的地方变得充满了生机,徐德光工作的劲头更足了。

然而,学生增多也就意味着压在他这个唯一的校长兼任课老师肩上的担子更重了。由于路途遥远,孩子们在学校一待就是一天,吃喝拉撒都由徐德光负责。为了照顾好孩子们的生活,徐德光学会了缝理发、做饭,甚至还学会了缝补衣服。

学习这些"本领",徐德光纯粹是"赶鸭子上架"。他上课时发现有个男孩头发长得蒙住了眼睛,这孩子就不断地用手撩,一堂课要撩几十次,严重影响他的听课效率。徐德光问他:"你爸妈为啥不带你去剪头发?"男孩小声说:"没钱。"徐德光叹了口气,其实在山里没钱剪头发的男孩可不止他一个,有的家长为了省下理发钱,干脆在过年时给孩子剃光头。但山里太冷,剃光头的孩子总容易感冒。为了让孩子们能有个整洁的面貌,徐德光买来了理发剪,笨手笨脚学起了理发。起初,他的手艺太差,给孩子剪得像狗啃似的,一看这样他就更慌,越剪越短,最后给剃成了"毛地雷"。但孩子们却不介意,只要是徐老师剪的,他们就欢天喜地。这也极大地鼓励了徐德光,在数个孩子头上"练习"后,他的手艺居然越来越进步了,不但能给小男孩剪平头,还会替爱美的小女生剪辫梢。

生活上无微不至的照顾,令孩子们与他相处得如同亲人一般,每到下课时,孩子们就围着他转,"老师老师"喊得无比亲热,这就是徐德光最幸福的时刻。

大山里,那孤独的坚守

尽管在接手扇子林教学点之前,徐德光就已经做好了忍受孤独的精神准备,但真正在这里待上一年、两年、五年、十年之后,只有他才能体会到,那种蚀骨的孤独与难捱的寂寞简直要让人发疯。

扇子林地处森林腹地,每年冬季要度过将近两个月漫长的雪凝期,气温降到零下十多度,每次雪凝季节都要断电50多天。人们如果要出门办事,得在山里走上一天一夜。所以在这段时间里,路上人迹罕至,整座山都被冰冷的死寂所笼罩。

教室里呵气成冰,只能靠蜡烛照明。受天气的影响,人的情绪也变得低沉,而对于这个教学点来说,方圆几十里都是白茫茫的冰雪，没有人烟，甚至连飞鸟都见不到一只，每当此时徐德光总是特别希望能有个人跟自己说说话。可是，除了他的学生外，这里没有一个成年人。而他，不但要忍受绝对的寂寞，还要极力掩饰内心的孤独，充当孩子们的靠山和保护神。

为了驱赶冰冷和寂寞，徐德光在教室里烧起一只通红的火炉，让孩子们围着那明亮的炉火，给他们读课文、教他们做算术题、为他们哼起好听的歌谣……外面天寒地冻，而这个小小的教学点，这两间温暖的教室，就成为冰天雪地中唯一的一束光和热，令人留恋难忘。

有一次，山中突然下起了瓢泼大雨，还伴随着雷声和闪电。那震耳欲聋的炸雷声一阵紧似一阵，仿佛要把这几间单薄的小泥屋击垮，刺眼的电弧闪着紫蓝的光芒，把整个院子照得惨白。孩子们吓坏了，全都像小鸡一样依偎在徐德光的身边。其实徐德光也害怕，他不知道这座小泥屋是否能捱过这场暴雨，也担心雷电会击中这个没有任何防护措施的地方。他紧紧地抱住孩子们，用镇定的语气安慰他们："别怕，有老师在呢……"可他话音刚落，最令人担心的事情便发生了！

只听得轰隆一声，教室南边的墙壁整个塌了下来，孩子们的哭声顿时响成一片，有的孩子惊慌失措地向外乱跑。徐德光在一瞬间感到了深深的绝望：他只有一个人，面临大祸自保尚且困难，何况还有20多个孩子。但这绝望只有一瞬，在下一个闪电亮起的刹那间他看到了孩子们齐刷刷地望着他，那眼神里写满了信赖与期待，他突然意识到：我是老师，在这里，我就是孩子们唯一的依靠。不知从哪里来的一股勇气，徐德光对着乱跑一气的孩子们大声喊："过来，到老师这里来……"本来被吓得六神无主的孩子们一下子仿佛有了主心骨，开始慢慢镇定下来，他们按照徐德光的命令集合在一起，跟着他一起躲到离学校不远的一棵大树下。徐德光安顿好孩子们后，又一头扎进大雨中，他要回教室去抢回那些珍贵的教科书和孩子们的书包。

在暴雨冲刷下的教室像一摊烂泥，以惊人的速度垮塌着，孩子们看到正在往教室里冲的徐老师，不由得齐声惊呼："老师，不要啊……"徐德光仿佛没听见一般，拼命地收拾着散落一地的书本和书包。在他抱着满怀的东西往回冲时，教室在他身后哗啦一声完全垮掉了。徐德光回头一看，不由得一阵后怕，他腿一软瘫坐在地，脑子里一片空白。

这场暴雨让好几个村都遭受了洪灾，许多不太结实的房屋都垮掉了。直等到雨停后，村民们才想起教学点里还有20多名学生，拼命地往这里奔跑，他们知道那两间破泥屋绝对经不起这场暴雨的肆虐。等大家赶到学校，发现已经成为一摊烂泥的教室时，顿时目瞪口呆。有的妇女开始哭喊着孩子的名字，她们恐怕自己的孩子已经遭难了！这时，令人难忘的一幕出现了，徐德光带着所有孩子，毫发未损地出现在村民们面前。孩子们叫着爸爸妈妈，父母搂着自己的孩子哭成一片。等大家确信自己的孩子都没有受伤时，这才想起感谢徐德光。从孩子们的叙述中，他们才知道这位瘦小的老师身上蕴藏着多么巨大的力量。村民们紧紧拉着徐德光的手，流着泪说不尽感激的话语……

风暴过后，教学点全部被毁，徐德光向上级部门申请后，在原教学点附近盖了两间"干打垒"的教室。教室的墙壁用竹篾做骨架，再用黄泥夯实，屋顶盖上了布瓦片，虽然仍是土木结构，但比起原来的教室要结实得多。更重要的是，徐德光在教室的墙上设计了几扇大大的窗户，这下教室里变得明亮多了，阴天时也不用点蜡烛了。

新教室修好后，孩子们更爱到这里上课了。但徐德光发现，仍有些村民不愿意送适龄儿童上学。遇到这种情况，徐德光便一而再、再而三地做工作，并承诺亲自接送这些孩子上学和放学。实践这个承诺并不轻松，山里天气恶劣，经常刮风下雨，天气说变就变，而且山路崎岖湿滑，山间沟壑林立，稍不小心便会滚进万丈深渊。但徐德光只要答应了，就会说到做到，不管多恶劣的天气，也雷打不动地来接送孩子们上学。被他的诚意所打动，就是再固执的家长也不好意思再坚持下去，因此扇子林教学点的入学率每年都能达到百分之百。

然而也有例外，有一个姓李的学生，已经超过入学年龄两三岁了，可家长还没有送孩子上学的意思。徐德光多次上门做工作，但孩子父母任他说破嘴皮也不答应。最后一次，孩子的父亲明知道徐德光滴酒不沾，偏偏向他举起一大碗苗家烈性烧酒说："按我们苗家的风俗，你若是能喝下这碗酒，你提的要求我们全都答应。"这种酒就连酒鬼都怕三分，喝下去胃里翻江倒海，难受得很，他估计徐德光会知难而退。没想到徐德光竟然认真地问："你说话算话吗？"小李的父亲点点头："苗家汉子说话算话，绝不食言。"令他不敢置信的是，徐德光竟然一把端过酒碗，咕咚咕咚灌了下去……这碗酒，让徐德光足足醉了三天三夜，难受得肠子都快呕出来了。但他酒醒后，居然还没有忘记小李父亲的承诺，等他再次来到李家时，这对夫妇已经让孩子穿戴整齐，背好书包在家里等他了。

那件事之后，村里人直怨小李父亲太莽撞，也怨徐德光心眼太实，要知道那种烈性酒如果量太大，是会要人命的。徐德光听说后却笑着说："一碗酒换来一个孩子上学的机会，再烈的酒我也喝。"得知扇子林有个"拼命三郎"般的徐老师，远近几个乡的村民们都愿意把孩子送到这里来上学。

入学率提高了，可是交不起学费的学生也不少。从徐德光领取9元钱一个月的工资起，就开始陆续资助贫困学生入学。1985年，徐德光成家了，不久后又生下了女儿，妻子没有工作，整个家庭的重担全部挑在他的肩上。他爱妻子、爱女儿、爱这个家，但他也更爱学生，经济的困窘却让他时时陷入两难之中。作为一个民办教师，他的工资十分微薄，但他不能眼睁睁看着好不容易被拉进课堂的孩子再次返"盲"。他还有一个很大的苦恼：因为常年爬山路，他的鞋坏得特别快，差不多每两个月就得换一双，而一双鞋差不多得用掉他一个月的工资。俗话说"一分钱憋死英雄汉"，在结婚前几乎没攒下一分钱的徐德光，此时开始认真思考如何赚钱的问题了。

对于一个18岁就拿粉笔的人来说，这实在是一个难题。教书、讲课对徐德光来说不在话下，但快速赚钱却不是他的强项。起初，他看到村里有人种烤烟，这种经济作物收益很高，徐德光跃跃欲试，自己也尝试着种了两亩地烤烟。但是，由于他缺乏耕作经验，平时授课任务也很重，有时根本无暇顾及地里的活儿，结果他种的烤烟失败了。

既然干农活不行，徐德光又开始琢磨着贩羊。贵州的黑山羊比较有名，把本地的羊贩卖到外省可以赚不少差价，于是徐德光又开始跟别人学着到集贸市场买羊、卖羊。可是，由于他心眼太实，不忍心喊高价，贩了一段时间羊也没赚到多少钱。

就在徐德光一筹莫展的时候，一个偶然的机会让他发现了"商机"。扇子林地处大板水景区附近，徐德光发现在风景区有不少游客喜欢骑马照相，而这些马需要有人牵引，于是他便动起了脑筋，到风景区去专门帮游客牵马。这回他终于找对了路子，别看牵一次马只收十元钱，但辛苦一天下来，收入还是相当可观。于是，徐德光便在周末没有课的时候，专心地干起了这个"副业"。来自四面八方的游客们怎么也没想到，眼前这个又黑又瘦的牵马人，竟然是一名为人师表的校长，更没有想到，他赚来的钱都用在了读不起书的贫困学生身上。

可这样一来，有些村民不理解，风言风语也在村里传开了。"徐老师这些年穷怕了吧，也开始下海赚钱了。""他的心思都用到赚钱上去了，怎么还有心思教书呢？别把孩子给耽误了。"这些议论徐德光和妻子都听到过，妻子劝他别再干了，她伤心地说："其实你不做这个生意，咱们家只要自己过自己的小日子，钱也够了，你何必受人非议？"但徐德光却淡淡地说："别人爱说什么，就让他们说呗，我只求问心无愧！"

他是这样说的，更是这样做的。人们很快便发现，自从徐老师"阔绰"起来后，被减免学费的学生越来越多，成绩优秀的学生得到的奖励也越来越丰厚，孩子们的伙食变好了，教室里新添置的教学用具越来越多了……当上级教育部门到扇子林教学点检查工作后，发现这个仅有一名老师的教学点竟然被建设得像模像样，设备甚至不输给镇里中心小学，他们给予了徐德光高度评价。村民们到这时才明白徐德光拼命赚钱的苦心，从此后，村里再也没有人传闲话，徐德光用高尚的师德征服了所有人。

从教多年，徐德光的嗓子常年得不到休息，又吸入了大量粉笔灰，使他患上了严重的声带小结。本来只需要到城里做一个小手术，便可以恢复正常，但徐德光扳着指头算着:"去一次县医院,做手术加恢复期,来来回回得耽误一个月,孩子们的学习耽误不起,还是等放暑假再说吧!"可等到暑假,他又忙着给学校添砖加瓦,各种维修和建设计划迫不及待地实施,一拖又拖到了开学。于是,他又把做手术的计划推到了寒假。等真到了寒假,他又抱起了大摞大摞的书本,想趁寒假给自己充充电,以便下个学期能给孩子们带来更多新鲜的知识……就这样,寒来暑往,徐德光的声音越来越嘶哑,他的"小手术"至今也没能实施……

徐德光坚守着这座大山,坚守着这里的学生,一年又一年,他的意志渐渐变得像巍峨的青山一般坚定。他常常启发学生们:"你们在家里看到的是山,上学经过的是山,在教室里看到的还是山。或许你们厌烦了山,恨透了这一座座挡住你们飞向外面世界的山,但是,你们要学会认识'山',爱上'山'之美,体会'山'那种坚忍不拔的精神……今天我教你们学知识,是为了把你们送出大山,但更是为了将来,你们能回到大山,建设它,改变它,让下一代人的生活更美好……"徐德光望着大山娓娓道来,学生们睁大黑亮纯净的双眼,认真听着,思考着……

一个人与一匹马

说起徐德光,就不能不提到一匹马。1995年秋天,一场狂风席卷了整个山区,扇子林教学点的屋顶被狂风整个掀走,徐德光千方百计找上级教育部门申请到了一万块瓦片,但这些瓦片都在山下窑场,如何把它们运上山,就成了一道难题。教室一天没有屋顶,孩子们就一天不能上课,情急之下,徐德光从山下租了十几匹马,连夜将一万片瓦运上了山,终于以最快的速度盖好了屋顶,孩子们仅停课两天就恢复了正常的上课秩序。

这一次经历促使徐德光开始重视马在山区的作用。以前凡是遇到恶劣天气,徐德光总是徒步进山,把学生们一个一个接到学校来。可由于长年在潮湿的山路上行走,徐德光患上了严重的风湿性关节炎,每逢阴雨天别说爬山,就是走平路都痛苦不已。他越来越担心,自己万一哪天行动不便,该由谁来接送孩子们呢?而且他由于教学需要,经常需要下山采买教材和教具、生活用品等,以往他都把这些东西用背篓背上山,但随着年龄的增加,他感到背篓越来越沉,似乎有些力不从心……如果有一匹强壮的马,这一切问题不就迎刃而解了吗?

徐德光把这个想法说给了妻子,却遭到了妻子的反对。其实,妻子不是不知道丈夫的腿有问题,也不是不知道马匹能给他省掉多少脚力,只是对于一个几乎一贫如洗的家来说,一匹马需要一千多元钱,这简直是个天文数字!妻子不高兴地说:"你的腿不好就不要接送孩子,不要再背那么沉的东西上山,这笔钱我们无论如何也出不起,不能出!"见妻子反对,徐德光也不再勉强。然而不久后的一件事,却让妻子彻底改变了想法。

那是不久后的一个星期天,徐德光决定去山下的新华书店给学生买些课外书。一大清早,他就匆匆下山,等买完书往回走时,天色忽然变了,阴云密布,哗哗地下起雨来。此时徐德光的关节炎发作了,他只好坐在路边的一棵大树下躲雨兼休息。可是,雨越下越大,没带雨具的徐德光被淋得透湿,可双腿却如同生了锈般不能移动。当雨好不容易停下时,他感到头晕目眩,再也支撑不住倒在了路边。幸而不久后,有赶路的村民路过,发现了晕倒的徐德光,及时将他送到乡卫生所紧急输液,这才将他从危险关头抢救回来。等徐德光醒来时,妻子坐在病床边哭泣,她说:"老徐,都怪我,我听你的,咱们去买一匹马,就是砸锅卖铁也要买。"妻子终于答应买马,徐德光躺在病床上微笑了。

病好之后,徐德光与妻子经过商量,决定卖掉家里的两头猪和一些粮食,这才凑了一千多元钱。他拿着这些钱来到山下的马市,经过精挑细选,他看中了一匹高大的白马,这匹马牙口很嫩,浑身毛色雪白,四肢粗壮有力,而且看样子特别温顺。徐德光一看到白马就爱不释手,经过一番讨价还价,白马终于有了新主人。

买下白马的当天,徐德光就喜滋滋地骑着白马回了家。妻子远远地看到他回来,便打趣道:"哟,来了个'白马王子'!"徐德光乐坏了:"我虽然不英俊,但好歹也算个'白马王子'了!"夫妻俩这么一打趣,因为买马而带来的压力顿时烟消云散。

徐德光给白马取名"白龙",有了白龙,他顿感生活方便了很多。以往去接送学生,他总是累得气喘吁吁,有时候腿还痛得钻心,可现在他能骑着白龙去,回来时再把孩子驮在白龙身上,不仅省力,还节省了一多半的时间;下山去采买东西,白龙也是有力的好帮手,有了它的帮助,徐德光买再多东西心里也不发憷,因为白龙都能帮他轻松运上山。徐德光感谢白龙,与它培养了深厚的感情。每次要出发前,他都让白龙吃得饱饱的;在途中,他也舍不得让白龙累着,只要遇到水草丰茂的地方,就牵着白龙过去畅饮饱餐一顿;每天回家后,他还要把白龙牵到河边,细细给它刷洗鬃毛。妻子看到他对白龙那么上心,有些"酸溜溜"地说:"我看你对白龙比对我和女儿都好,干脆你跟它过得了!"徐德光嘿嘿一笑,并不辩驳。

　　白龙不仅帮徐德光干了很多体力活,在周末的时候,徐德光还把它牵到大板水森林公园,陪游客骑马照相,由于是自己的马匹,他赚的钱比以前还要多。这样一来,学校经常捉襟见肘的经费竟然有了盈余。徐德光经常抚摸着白龙说:"白龙啊,作为一匹马,你算是做得仁至义尽了!"白龙用又黑又亮的眸子望着他,还用鼻子朝他喷了几口热气,算是回答。

　　2002年,扇子林教学点积攒了一定的经费,徐德光又向上级教育部门申请了一些费用,他有了新的打算:"干打垒"的教室已经用了好多年,成了危房,他想为教学点盖几间真正的砖瓦房,让孩子们在结实温暖的新教室里,安安心心地上课。他在山下买了9万多块砖,几吨水泥,这些材料,当然得由白龙拉上山。

　　从山下到学校的路,崎岖不平,再加上有许多碎石,负重的白龙常常累得口吐白沫，四条腿发颤，它光滑的皮毛被砖头磨得粗糙不平，有些地方甚至磨出了血。每拉一趟，白龙都要大口大口地喘气，蹄子也不安地刨着地，仿佛在抗议主人对它的"折磨"。其实，徐德光何尝不心疼白龙，看到白龙受苦，他恨不能自己替它来承受这千万斤的重负。可是，学校建设需要白龙出力，他无可奈何地抚摸着心爱的白马说："白龙，是我对不起你，等学校盖好了，给你记一大功。将来如果学校写一本传记，我一定会把你的故事写进去……"白龙仿佛听懂了主人的愧疚，它昂起头嘶鸣一声，继续奋蹄向前……

徐德光与白龙足足拉了半个多月，才将所有的砖瓦、水泥运上山，白龙累得看见砖头腿就发抖。徐德光让它好好休息了几天，请来工匠开始施工。

很快，一座红砖灰瓦的崭新学校在青山绿水间挺立起来，徐德光将教室内部粉刷得雪白，宽大的窗户安上了透亮的玻璃，还整修了一个小型操场，操场四周种上了花草。新学校落成那天，徐德光高兴地放起了鞭炮，村民们都赶来看热闹，不禁啧啧赞叹。邻近镇上也有村民来参观，看到铮明瓦亮的新教室感叹说："这比起我们镇上的中心小学一点也不差！"村民们得意地说："我们扇子林多亏有了徐校长，才能把学校越办越好，越修越气派！"徐德光正好牵着白龙走了过来，听见村民们的议论，他由衷地拍拍白龙说："大家要感谢的话，应该感谢它，这所学校的每块砖、每片瓦都是它从山下驮上来的！"白龙仿佛听懂了主人的话，它把脖颈挨在徐德光的脸上，不断蹭着，村民们都会心地笑了起来。

然而，白龙虽然温驯听话，却也有发脾气使性子的时候。徐德光每天早上五点左右起床，挨个去接学生上学。每个孩子家住哪里，哪条路最危险，他都烂熟于心。因为怕颠到孩子，他还把自家的棉被放在马背上。担心孩子从马背上摔下来，他在整个路程中一直牢牢拉住缰绳，不敢有半点松懈。可尽管如此小心，意外还是发生了。

徐德光砍出来的山路，虽然已经成形，但是十分狭窄，其中有几段路必须攀附藤葛，小心行走，否则就有摔下悬崖的危险。有的地方陡坡将近60度，而且布满碎石。对马来说，最害怕的就是碎石路，所以每当走到这段时，白龙都有些胆怯，昂着头左摆右摆，就是不肯前行，每次徐德光都不得不"逼迫"它继续往前走。但有一天，白龙突然发起倔来，它前蹄腾空，将主人从马背上掀了下来。徐德光被摔了下来，他眼前一黑，顿时失去了知觉……大约过了一个多小时，他才从昏迷状态中醒来。他感到一种异常的疼痛从胸部传来，直觉告诉他，可能是胸骨骨折。他试图站起来，却无法动弹，挣扎了许多次后，他终于放弃了这无望的努力。白龙在一边焦急地围着他走动着，好像知道自己犯了错，不停地低鸣着。徐德光又爱又恨地看着他，喃喃地说："你这个家伙，今天把我害惨了。"

在地上足足躺了两个小时后，幸而徐德光的一位堂嫂上山干农活发现了他，将他扶到了山下的医院。经医生诊断，徐德光两条肋骨骨折，差一点就伤及内脏。经过一段时间的医治，徐德光的伤势才慢慢好转，但却留下了后遗症，每当遇到天气变化，他的胸部就隐隐作痛。

闯下大祸后，通人性的白龙似乎知道自己犯了错，在徐德光面前变得格外温顺，再也没有发过脾气，徐德光对白龙也更加怜爱有加。但他没有想到的是，有一天白龙自己却出事了。

那天，天上下起了暴雨，徐德光照例牵着白龙去接学生上学。雨天山路湿滑，白龙一步一滑艰难地在密林中穿行。突然，白龙脚下一滑，差点倒了下去。马背上的孩子惊叫起来，白龙仿佛预见到什么，它用弯曲的膝盖顶住岩石，孩子安全了，可一根树枝却直直地戳进了它的左眼，徐德光心痛地大叫起来……经过医治，白龙的眼睛最终也没有保住，它的左眼永远地失明了。徐德光内疚不已，他抚摸着白龙失明的眼睛，流下了心酸的泪水。因为这件事，徐德光伤心了好长一段时间。但伤心过后，他拉着白龙，对它推心置腹地说："白龙，现在我俩都有残疾，我的手和腿都坏了，你的眼睛坏了，但咱俩都是为山里的娃娃作出了贡献，这是咱们的骄傲呀！老伙计，今后咱们继续努力吧，为了娃娃们……"白龙好像听懂了，它温顺地点点头。徐德光的妻子看到这一幕，不禁感动得泪湿衣衫。

就这样，一个瘦弱的男人，一匹只有一只眼的白马，又开始了他们漫长的苦旅。但是，每当看到一个个孩子在马背上欢愉的笑脸，看到孩子们走出学校去山外读书的欣喜神情，徐德光便感到莫大的欣慰。每天穿梭在密林中的两个身影，也变得更加坚毅、顽强。

马铃声声其修远兮

关于马的故事，还远远没有结束。转眼间，徐德光已经在扇子林度过了 37 年的人生年华，而白龙也与他一起度过了 17 岁的生日。徐德光从一个神采飞扬的翩翩少年成了一个满面皱纹、腰身佝偻的老者,对于马而言,马的一岁相当于人的4岁,也就是说,白龙也成了"年近古稀"的老者了。17年里,白龙驮师生、驮教材、驮教具、驮生活用品、驮水泥砖沙……山道上永远离不开它的影子。可时间如白驹过隙,白龙的脚步从轻快到逐渐沉重,直至颤颤巍巍,它用自己的艰辛,为孩子们托起了明天。徐德光多想为白龙"养老",让辛苦一生的它安度晚年啊,可是微薄的工资让这个愿望无法实现,他只好心怀着对白龙的愧疚,继续让它承担着繁重的日常工作。而白龙也只好拼着"老命",一天又一天,用它生命中最后的时光继续充当着"校车"的角色。

2012年8月,徐德光和白龙在山区小学坚守的故事被中央电视台《讲述》栏目的编导发现,于是他们的故事被搬上了电视荧屏。一些懂马的观众细心地从节目中发现,已经陪伴了徐德光17年的白龙,每到攀爬陡坡的时候,即使没有负重,四肢也已经发颤。马友们明白,这是白龙年迈的表现,他们感叹:山区的师生苦,马也不舒坦。

一位马友在中国马术网的"马友联盟论坛"上,发表了一篇帖子,号召为"马背校长"徐德光捐一匹马,他满怀深情地说:"在这片常规交通工具无法到达的密林深处,白龙已经实现了它作为马的巨大价值。现在白龙老了,我们马友能否为白龙找到接班的马?好让辛苦这么多年的白龙退休,安度它的晚年,让更年轻的马伴随着老徐,继续行走在大山中,在这片知识贫瘠的密林深处传播和孕育文明的种子。"这个帖子一经发出,便获得了众多马友的高度关注与支持。山东、北京、江苏、香港等9个省、地区的马友纷纷行动起来,热烈讨论起捐马的事情。马友们经过讨论,认为接替白龙的必须是一匹擅走山路的健康的马,才能够在大山之中带给师生们实实在在的帮助,如果可能再为它配上一套合适的鞍具,另外再发起装备生产企业为孩子们捐赠一些儿童头盔,就能让老师带着孩子们安全乘马上学。

那么,究竟应该送什么样的马呢?马友们纷纷发表意见和建议。纯血马进山区不合适,国产马品种有很多,用耐力马,还是挽力马?甚至有马友搜索出贵州当地有一种叫叽马耐力强劲,是矮马品种,最适合徐德光使用。送什么马的问题还没有解决,新的问题又出来了:马匹运输成本太高。捐马的主题于是又变成了直接捐钱助教,由徐德光自己选择所需要的马。

这些热心的关注和讨论,都是在徐德光不知情的情况下进行的。直到最后,马友们无法决定到底是捐马还是捐钱,到了必须由徐德光来选择的时刻,才由一位代表把这件事告诉了他。得知这一情况后,徐德光惊呆了,他怎么也没有想到,在大山之外,在全国各地还有那么多素不相识的好心人在关爱着这个大山深处的小学,关注着他心爱的白龙马。在接到电话的一瞬间,徐德光激动得好久说不出话来,过了很久,他才强忍住感动的泪水说:"谢谢你们大家的关心,我的白龙'后继有马'了……"经过商量,马友们与徐德光决定,由大家捐献一万元钱,由徐德光在当地购买合适的马匹和鞍具等。

一万元钱很快就由22位马友凑齐了,拿着这笔钱,徐德光到当地的马市,精心挑选了整整两天,还是无法决定买哪匹马。因为这笔钱是大家的心意,徐德光不忍心浪费一分。最终,一匹黄色的小母马跃入徐德光的眼帘。它年轻活泼,身体强壮,颇有当年白龙的风采。徐德光看到它一眼就相中了它。马的主人介绍道:"它叫黄妞,是我们村里力量最大的,一次背400公斤水泥,每天往返爬坡40次也没问题。"这么能干的好马,徐德光当然满意。

徐德光用7000元钱,把黄妞牵回了家,其余的钱为孩子们购置了一套鞍具和一些教学用具。徐德光乐呵呵地对马友们说:"这样孩子们坐在马背上再也不会喊屁股疼了。"

当白龙与黄妞见面时,两匹马仿佛前世有缘,白龙亲昵地用脖子擦着黄妞的脖子,黄妞也低着头,似乎在倾听什么。徐德光高兴地说:"白龙肯定在向黄妞交代,山路哪一段最难走,驮着孩子要注意些什么。白龙,你这个'老师'当得不错啊!"

自从有了黄妞,白龙便退休在家,只是偶尔陪着徐德光和黄妞下山溜达一圈,一些繁重的工作都由黄妞承担了起来。徐德光给黄妞打了一副铃铛,每当驮着学生在山林中行走时,马铃叮叮当当一路发出清脆的响声,好像一首动听的歌。听到马铃声,村民们就知道:徐老师和他的学生来了。

山里山外,爱的回音壁

马友们捐马助教的善举给了徐德光最深的感动,然而在此之前,其实已经有许许多多令人感动的事情发生。令徐德光每每回忆起来,便有一种温暖由内而外,浸润身心⋯⋯

2008年贵州山区发生大面积凝冻,扇子林教学点几成孤岛，徐德光守着一帮孩子，开始苦熬最艰难的时光。灾难发生后，红花岗区委书记王进江走了三个小时山路，来到教学点看望师生们。他带来了丰富的物资，解决了师生们的燃眉之急。王书记临走前询问徐德光，还有什么需要。徐德光沉思良久，只说了一个字："路。"王书记默然了，他知道徐老师提的要求最实在、最朴素，也最无私。当年他和全家人耗时几个月，用双手劈出的一条羊肠小道，如今仍在发挥着重要作用，但那仍旧不过是一条人工便道，狭窄且不安全，特别是有了马匹后，那条路就显得更不够用。为了进一步改善孩子们的上学条件，一条宽敞安全的硬化路是必需的。王书记当场向徐德光承诺：一定要竭尽全力帮学校修一条真正的路。

雪灾之后，一个施工队来到了扇子林教学点，开始挖土、填埋、修整路基。渐渐地，一条宽约四米的标准双车道马路一点一点呈现在人们眼前。徐德光高兴啊，每天都要去看看路基又延伸到了哪里。工人们告诉他，按照规划，这条路长度将近十公里，连接了附近的多个乡镇，以后孩子们上学不但可以骑马，没准还能坐车呢！徐德光对新路的规划十分满意，他憧憬着通路的那一天，或许黄妞不用再像白龙那样辛苦地走山路，在不久的将来，他们甚至可能会有一辆真正的校车……

然而，就在路基全部完成后，区政府却再也无力进行路面硬化了。徐德光理解政府的难处，山区本来就是吃饭财政，能专门批准为学校修一条这么长的公路已属不易，他不忍心再作进一步的要求。可是，贵州山区土质疏松，如果不及时硬化，用不了多久，这条好不容易修起的路基就会被雨水泡松、冲垮，前面的投入可能全部白费！为了这条路，徐德光吃不香、睡不好，整夜都在琢磨着这件事。

这时，一个天大的好消息降临了：徐德光的一个名叫陈仁贤的学生，自愿出资 100 万元完成路面硬化的工程！当陈仁贤亲口向徐德光作出这个承诺时，他喜出望外，拉着陈仁贤的手连声感谢。陈仁贤的眼睛湿润了，他实心实意地说："徐老师，您别谢我，当初是您教会了我怎样做人，我一辈子都记着您的教诲……"

原来，陈仁贤是徐德光的第一批学生，当年他十分调皮，没少让徐德光头痛。但徐德光一笔一画教会陈仁贤写自己的名字，还认真地给他解释，他名字中的"仁""贤"是什么意思，教育他长大后要做一个有仁心和爱心的贤者……徐老师的一字一句都深深刻在了陈仁贤的心里。高中毕业后，他外出闯荡世界，靠勤劳和诚信创下了一份家业，成了远近闻名的成功企业家。成功后，他也不忘老师的教诲，决心给自己的家乡提供力所能及的帮助。他在村里办了一个养猪场，并招收了十几位村民在养猪场工作。事实上，由于路途不便，这个养猪场根本不赚钱，但陈仁贤却说："我没有徐老师的水平，可以教孩子们学文化，但我想通过自己的力量，让家乡的人民头脑开化，懂得用技术和头脑赚钱。"

也就是在这时，他听说昔日的老师为了给学校门前修一条路而愁白了头，陈仁贤立刻想起当年老师用双手砍出一条路的往事，那件事带给他心灵无比的震撼，而现在，他觉得到了自己回报和反哺老师的时刻，于是便自告奋勇承担了路面硬化工程。

在陈仁贤的帮助下，一条崭新的柏油马路终于完美地呈现在村民们眼前，这条路的等级之高，几乎与这个贫穷的小山村不相称。路面完工那一天，徐德光给孩子们放了半天假，他领着孩子们从学校出发，徒步走完了整条马路。孩子们高兴得笑啊，跳啊，连黄妞和白龙的脚步也格外轻快。马蹄声得得，孩子们的笑声银铃般清脆，徐德光更好像年轻了十岁。陈仁贤和他的员工们等在路的另一头，远远看到老师走过来，他赶紧上前去扶住他："徐老师，累不累?"徐德光紧紧握住昔日学生的手:"仁贤,你对得起你这个名字,老师替今天和以后所有的学生们感谢你!"陈仁贤与老师紧紧相拥,那种温暖感动着在场的每一个人……

像陈仁贤一样被徐德光感动的人还有很多很多:遵义市华正商贸公司连续六年为扇子林教学点的学生们承担所有的学习费用,直至国家为山区的学生实行"两免"政策,他们的帮助才暂停,徐德光从此不再为孩子们的学习费用发愁,他个人的工资也能用于养家了。

当年徐德光带着白龙在景区打工时,有一位深圳的户外爱好者与徐德光结了缘。他感动于这样一位老师,以"孤独英雄"般的悲壮坚守山中几十年,于是承诺:只要徐德光执教一天,他就会资助一个学生一个月100元钱改善伙食。这位好心人的承诺一直在兑现,一天也没有间断。而到如今,也坚持了近十年。

从2003年开始,陆续有志愿者来到扇子林,给徐德光和学生们提供各种各样力所能及的帮助。有美国的年轻人来义教,教孩子们学纯正的美式英语;也有广州的热心人士捐款助学,帮助学校改造用水系统,修建乒乓球台等体育设施;还有一位不愿透露姓名的当地官员,因为对徐德光的敬佩,每年以个人的名义拿出1000元钱,用作教学点的煤炭费。

更让徐德光感动的是，当地一些徒步旅行的背包客看到教学点的孩子们穿着破烂的衣服，便问徐德光要不要旧衣服，他想都没想便点点头。没过多久，一包包清洗干净的整洁旧衣物竟然从全国各地陆续寄来，不但有孩子的衣服，还有大人的衣服。这样一来，村里的大人孩子都能温暖过冬了……

每当得到这些热心人的帮助，徐德光说得最多的总是"感谢"，他还专门教孩子们唱《感恩的心》这首歌，他告诉学生们："人要懂得感恩，感恩生活带给你的苦难，更要感恩那些曾经帮助过你的人。"

徐德光就像一支燃烧在深山中的红烛，用自己微弱却执著的光芒照亮了无数孩子的心灵，而这些光亮就像火种，一代一代顽强地传递下去。最令徐德光欣慰的，便是他的学生陈道坤。

陈道坤也是徐德光第一届的学生，他深深地记得，那一年自己5岁，徐老师18岁。还未到上学年龄的陈道坤是班上最小的孩子，父母因为要下地干活，无暇顾及而把他送到了学校。由于年龄太小，徐老师无法为他编班，便把他时刻带在身边。给别的学生上课时，他便给陈道坤一个小本子和一支笔,让他自己画画玩。有时小道坤玩得入迷,竟把小手和小脸都弄得像花脸一样,徐老师便细心地帮他洗干净,还把自己的衣服给他换上,在冰冷的河水里替他洗衣服。在陈道坤的脑海里,徐老师既像一位慈祥的父亲,也像一位亲切的大哥哥,在孤寂寒冷的岁月里,老师是他心底最温暖的一抹亮色。

高中毕业后,陈道坤因为家庭困难不能继续求学,他到遵义学习维修电器的手艺,开了一家电器修理店,小生意做得很不错。后来,陈道坤又跟着朋友一起到深圳从事建筑行业,也赚到一些钱。然而,尽管手里的钱越来越多,陈道坤的心里却有着越来越深的遗憾。在外面灯红酒绿的世界里,他总是会想起他的老师,那个瘦小却顽强的身影。

有一年春节回到家,他看到了当年风度翩翩的老师已经变得苍老黝黑,可那时他还不到四十岁。是老师教会了他识字,教会他人生的道理,是老师给了他最美好的童年,也带给他最充实的人生回忆,而现在,老师仍然孤独地坚守在深山之中,他这支红烛也有燃尽的那一天啊!当陈道坤与徐老师聊起将来时,徐德光说:"学校发展到现在,我对一切都满意,我这一辈子,可以问心无愧地说:我对得起这座大山,对得起这所学校,对得起这里的每一个孩子。

但是，我担心有一天我老了，死了，这里的孩子该怎么办?"陈道坤得知，徐德光老师为了扩充学校的教学力量，一直在不断地向上级教育部门申请师资，但微薄的工资、恶劣的环境和艰苦的教学条件吓退了几乎所有的年轻教师，谁也不愿意把青春耗费在这座深山老林里。即便如此，徐德光还是没有放弃，一直不断地在表达着他的诉求。他坚信，总有一天，会有一个年轻人如当年的他一样，愿意将青春奉献给这所学校，奉献给这座沉默的大山。

想到这里，陈道坤作出了他人生中一个最为重要的决定：回山里去，接过老师的教鞭，代替他坚守这个学校。这个决定理所当然地遭遇了家人和亲戚朋友的一致反对，扇子林教学点没有正式编制，现在去学校只能当民办教师，工资只有800多元不说，医疗、养老等都没有保障。以陈道坤的能力，在外面就是随便给人打工，也不止挣这一点钱。但陈道坤不怕，他极力说服家人，毅然来到扇子林教学点，与亲爱的徐老师并肩战斗。

陈道坤的到来是徐德光感到最幸福的事。对这位昔日的学生，现在的同事，他心里除了爱护，更多的则是感激。

"道坤，委屈你了。"徐德光的话语虽然简单，话中却饱含着无数情感。陈道坤完全懂得老师话中的含义，他从容一笑:"能跟老师一起待在这所学校,其实是我最大的梦想。"那一刻,不需要更多的言语,一切尽在不言中……

徐德光的力量影响着越来越多的人,其中也包括他的女儿,大学毕业的徐泽燕。大四毕业后,徐泽燕没有急着去找工作,而是来到父亲的学校当了一名代课老师。徐泽燕的到来,给这所冷寂的山区小学带来了一抹明亮的色彩,她是那样年轻、漂亮、充满活力,孩子们很快便喜欢上了这个新来的"小徐老师"。看着女儿带着孩子们在院子里奔跑、做游戏,徐德光眯着眼睛笑了:世界上没有什么事情,比看到自己心爱的事业后继有人更幸福了。

徐德光在扇子林教学点任教37年,获得了无数荣誉:他多次被评为镇、市优秀教师;2005年被评为贵州省边远山区优秀教师;2006年获贵州省"五一"劳动奖章;2007年被评为全国模范教师、全国中小学德育课先进教师。2012年9月,他获得了中国乡村教师的最高荣誉:全国十大最美乡村教师,而他的名字,被排在所有获奖教师中的第一位。

9月10日,央视"最美乡村教师评选"晚会播出。徐德光高举奖杯,声音哽咽。电视解说词是:"这是一个乡村教师的完美人生路。"主持人白岩松深情地说道:"中国有

846万乡村教师，他们坚守在正逐日被边缘化的乡村，为中国的未来播下希望的火种。他们是基础中的基础，顶尖中的顶尖。"如此赞誉，对徐德光来说毫不过分。

在电视演播厅里，主持人请徐德光提出一点要求。他想了半天才说："我还有4年就退休，在退休前我有个奢望：希望好心人能给我们扇子林教学点修一个洗澡间，让村里的娃娃一年能洗一次热水澡；我还希望，能让我的同事、学生陈道坤转正，他到现在还只是个民办教师，我希望能把他留在学校，以后教更多的娃娃，让山里的孩子有书读……"徐德光没有为自己提一点要求，他的所谓要求仍然全心全意为了孩子、为了学校。人们为他的质朴和无私而流泪了，有人说："站在这些最美的乡村老师面前，他就是一把尺子，能量出你心胸的宽窄；他就是一面镜子，能照出你心灵的美丑；他就是一杆秤，能称出你生命的轻重……时时对照这个参照系，一定能够提升人格，净化灵魂，超越自我！"

如今，徐德光仍然坚守在扇子林教学点，仍然在马背上普度众"生"。他骑着马在山路上奔波，马蹄声哒哒哒富有节奏的回响，在荒凉的大山中是那么寂寞，却又那么温情……